PREFACIO

La colección de guías de conversación para viajar "Todo irá bien" publicada por T&P Books está diseñada para personas que viajan al extranjero para turismo y negocios. Las guías contienen lo más importante - los elementos esenciales para una comunicación básica.Éste es un conjunto de frases imprescindibles para "sobrevivir" mientras está en el extranjero.

Esta guía de conversación le ayudará en la mayoría de los casos donde usted necesite pedir algo, conseguir direcciones, saber cuánto cuesta algo, etc. Puede también resolver situaciones difíciles de la comunicación donde los gestos no pueden ayudar.

Este libro contiene una gran cantidad de frases que han sido agrupadas según los temas más relevantes. Esta edición también incluye un pequeño vocabulario que contiene alrededor de 3.000 de las palabras más frecuentemente usadas.Otra sección de la guía proporciona un glosario gastronómico que le puede ayudar a pedir los alimentos en un restaurante o a comprar comestibles en la tienda.

Llévese la guía de conversación "Todo irá bien" en el camino y tendrá una insustituible compañera de viaje que le ayudará a salir de cualquier situación y le enseñará a no temer hablar con extranjeros.

TABLA DE CONTENIDOS

T&P Books Publishing

Colección de guías de conversación
"¡Todo irá bien!"

T&P Books Publishing

GUÍA DE CONVERSACIÓN
RUMANO

Andrey Taranov

LAS PALABRAS Y LAS FRASES MÁS ÚTILES

Esta Guía de Conversación
contiene las frases y las
preguntas más comunes
necesitadas para una
comunicación básica
con extranjeros

T&P BOOKS

Guía de conversación + diccionario de 3000 palabras

Guía de conversación Español-Rumano y vocabulario temático de 3000 palabras

por Andrey Taranov

La colección de guías de conversación para viajar "Todo irá bien" publicada por T&P Books está diseñada para personas que viajan al extranjero para turismo y negocios. Las guías contienen lo más importante - los elementos esenciales para una comunicación básica. Éste es un conjunto de frases imprescindibles para "sobrevivir" mientras está en el extranjero.

Este libro también incluye un pequeño vocabulario temático que contiene alrededor de 3.000 de las palabras más frecuentemente usadas. Otra sección de la guía proporciona un glosario gastronómico que le puede ayudar a pedir los alimentos en un restaurante o a comprar comestibles en la tienda.

T&P Books Publishing
www.tpbooks.com

ISBN: 978-1-78492-657-1

Este libro está disponible en formato electrónico o de E-Book también.
Visite www.tpbooks.com o las librerías electrónicas más destacadas en la Red.

PRONUNCIACIÓN

T&P alfabeto fonético	Ejemplo rumano	Ejemplo español
[a]	**arbust** [ar'bust]	radio
[e]	**a merge** [a 'merdʒe]	verano
[ə]	**brățară** [brə'tsarə]	La schwa, el sonido neutro
[i]	**impozit** [im'pozit]	ilegal
[ɨ]	**cuvânt** [ku'vɨnt]	abismo
[o]	**avocat** [avo'kat]	bordado
[u]	**fluture** ['fluture]	mundo
[b]	**bancă** ['bankə]	en barco
[d]	**durabil** [du'rabil]	desierto
[dʒ]	**gemeni** ['dʒemenʲ]	jazz
[f]	**frizer** [fri'zer]	golf
[g]	**gladiolă** [gladi'olə]	jugada
[ʒ]	**jucător** [ʒukə'tor]	adyacente
[h]	**pahar** [pa'har]	registro
[k]	**actor** [ak'tor]	charco
[l]	**clopot** ['klopot]	lira
[m]	**mobilă** ['mobilə]	nombre
[n]	**nuntă** ['nuntə]	número
[p]	**profet** [pro'fet]	precio
[r]	**roată** [ro'atə]	era, alfombra
[s]	**salată** [sa'latə]	salva
[ʃ]	**cleștișor** [kleʃti'ʃor]	shopping
[t]	**statuie** [sta'tue]	torre
[ts]	**forță** ['fortsə]	tsunami
[tʃ]	**optzeci** [opt'zetʃi]	mapache
[v]	**valiză** [va'lizə]	travieso
[z]	**zmeură** ['zmeurə]	desde
[j]	**foios** [fo'jos]	asiento
[ʲ]	**zori** [zorʲ]	signo de palatalización

LISTA DE ABREVIATURAS

Abreviatura en español

adj	-	adjetivo
adv	-	adverbio
anim.	-	animado
conj	-	conjunción
etc.	-	etcétera
f	-	sustantivo femenino
f pl	-	femenino plural
fam.	-	uso familiar
fem.	-	femenino
form.	-	uso formal
inanim.	-	inanimado
innum.	-	innumerable
m	-	sustantivo masculino
m pl	-	masculino plural
m, f	-	masculino, femenino
masc.	-	masculino
mat	-	matemáticas
mil.	-	militar
num.	-	numerable
p.ej.	-	por ejemplo
pl	-	plural
pron	-	pronombre
sg	-	singular
v aux	-	verbo auxiliar
vi	-	verbo intransitivo
vi, vt	-	verbo intransitivo, verbo transitivo
vr	-	verbo reflexivo
vt	-	verbo transitivo

Abreviatura en rumano

f	-	sustantivo femenino
f pl	-	femenino plural
m	-	sustantivo masculino
m pl	-	masculino plural
n	-	neutro

n pl   -   género neutro plural
pl   -   plural

T&P BOOKS

GUÍA DE CONVERSACIÓN RUMANO

Esta sección contiene frases
importantes que pueden
resultar útiles en varias
situaciones de la vida real.
La Guía le ayudará a pedir
direcciones, aclaración
sobre precio, comprar billetes,
y pedir alimentos en un
restaurante

T&P Books Publishing

CONTENIDO DE LA GUÍA DE CONVERSACIÓN

T&P Books Publishing

Perdone, …	**Nu vă supăraţi, …** [nu və supə'raʦi, …]
Hola.	**Buna ziua.** [buna 'ziwa]
Gracias.	**Mulţumesc.** [mulʦu'mesk]

Sí.	**Da.** [da]
No.	**Nu.** [nu]
No lo sé.	**Nu ştiu.** [nu 'ʃtiu]
¿Dónde? | ¿A dónde? | ¿Cuándo?	**Unde? | Încotro? | Când?** [unde? | inko'tro? | kind?]

Necesito …	**Am nevoie de …** [am ne'voje de …]
Quiero …	**Vreau …** [vri̯au …]
¿Tiene …?	**Aveţi …?** [a'veʦi …?]
¿Hay … por aquí?	**Există … aici?** [e'gzistə … a'iʧi?]
¿Puedo …?	**Pot …?** [pot …?]
…, por favor? (petición educada)	**…, vă rog** […, və rog]

Busco …	**Caut …** [kaut …]
el servicio	**o toaletă** [o toa'letə]
un cajero automático	**un bancomat** [un banko'mat]
una farmacia	**o farmacie** [o farma'ʧie]
el hospital	**un spital** [un spi'tal]

la comisaría	**o secţie de poliţie** [o 'sekʦie de po'liʦie]
el metro	**un metrou** [un me'trou]

un taxi	**un taxi** [un ta'ksi]
la estación de tren	**o gară** [o 'garə]

Me llamo …	**Numele meu este …** [numele 'meu 'este …]
¿Cómo se llama?	**Cum vă numiți?** [kum və nu'miţiʲ?]
¿Puede ayudarme, por favor?	**Mă puteți ajuta, vă rog?** [mə pu'teţiʲ aʒu'ta, və rog?]
Tengo un problema.	**Am o problemă.** [am o pro'blemə]
Me encuentro mal.	**Mi-e rău.** [mi-e 'rəu]
¡Llame a una ambulancia!	**Chemați o ambulanță!** [ke'maţiʲ o ambu'lantsə!]
¿Puedo llamar, por favor?	**Pot să dau un telefon?** [pot sə dau un tele'fon?]

Lo siento.	**Îmi pare rău.** [imʲ 'pare rəu]
De nada.	**Cu plăcere.** [ku plə'tʃere]

Yo	**Eu** [eu]
tú	**tu** [tu]
él	**el** [el]
ella	**ea** [ja]
ellos	**ei** [ej]
ellas	**ele** ['ele]
nosotros /nosotras/	**noi** [noj]
ustedes, vosotros	**voi** [voj]
usted	**dumneavoastră** [dumnʲavo'astrə]

ENTRADA	**INTRARE** [in'trare]
SALIDA	**IEŞIRE** [je'ʃire]
FUERA DE SERVICIO	**DEFECT** [de'fekt]
CERRADO	**ÎNCHIS** [in'kis]

ABIERTO	**DESCHIS** [des'kis]
PARA SEÑORAS	**PENTRU FEMEI** [pentru fe'mej]
PARA CABALLEROS	**PENTRU BĂRBAŢI** [pentru bər'batsʲ]

Preguntas

¿Dónde?	**Unde?** ['unde?]
¿A dónde?	**Încotro?** [inko'tro?]
¿De dónde?	**De unde?** [de 'unde?]
¿Por qué?	**De ce?** [de tʃe?]
¿Con que razón?	**Din ce motiv?** [din tʃe mo'tiv?]
¿Cuándo?	**Când?** [kind?]

¿Cuánto tiempo?	**Cât?** [kit?]
¿A qué hora?	**La ce oră?** [la tʃe 'orə?]
¿Cuánto?	**Cât de mult?** [kit de mult?]
¿Tiene ...?	**Aveți ...?** [a'vetsʲ ...?]
¿Dónde está ...?	**Unde este ...?** [unde 'este ...?]

¿Qué hora es?	**Cât este ceasul?** [kit 'este 'tʃasul?]
¿Puedo llamar, por favor?	**Pot să dau un telefon?** [pot sə dau un tele'fon?]
¿Quién es?	**Cine e?** [tʃine e?]
¿Se puede fumar aquí?	**Pot fuma aici?** [pot fu'ma a'itʃi?]
¿Puedo ...?	**Pot ...?** [pot ...?]

Necesidades

Quisiera ...	**Aş dori ...** [aʃ do'ri ...]
No quiero ...	**Nu vreau ...** [nu 'vrʲau ...]
Tengo sed.	**Mi-e sete.** [mi-e 'sete]
Tengo sueño.	**Vreau să dorm.** [vrʲau sə dorm]
Quiero ...	**Vreau ...** [vrʲau ...]
lavarme	**să mă spăl** [sə mə spəl]
cepillarme los dientes	**să mă spăl pe dinţi** [sə mə spəl pe 'dintsi]
descansar un momento	**să mă odihnesc puţin** [sə mə odih'nesk pu'tsin]
cambiarme de ropa	**să mă schimb** [sə mə skimb]
volver al hotel	**să mă întorc la hotel** [sə mə in'tork la ho'tel]
comprar ...	**să cumpăr ...** [sə 'kumpər ...]
ir a ...	**să merg la ...** [sə merg la ...]
visitar ...	**să vizitez ...** [sə vizi'tez ...]
quedar con ...	**să mă întâlnesc cu ...** [sə mə intil'nesk ku ...]
hacer una llamada	**să dau un telefon** [sə dau un tele'fon]
Estoy cansado /cansada/.	**Sunt obosit /obosită/.** [sunt obo'sit /obo'sitə/]
Estamos cansados /cansadas/.	**Suntem obosiţi.** [suntem obo'sitsi]
Tengo frío.	**Mi-e frig.** [mi-e frig]
Tengo calor.	**Mi-e cald.** [mi-e kald]
Estoy bien.	**Sunt bine.** [sunt 'bine]

Tengo que hacer una llamada.	**Trebuie să dau un telefon.** [trebuje sə dau un tele'fon]
Necesito ir al servicio.	**Trebuie să merg la toaletă.** [trebuje sə merg la toa'letə]
Me tengo que ir.	**Chiar trebuie să plec.** [kjar 'trebuje sə plek]
Me tengo que ir ahora.	**Trebuie să plec.** [trebuje sə plek]

Preguntar por direcciones

Perdone, …
Nu vă supărați, …
[nu və supə'rats', …]

¿Dónde está …?
Unde este …?
[unde 'este …?]

¿Por dónde está …?
În ce direcție este …?
[in tʃe di'rektsie 'este …?]

¿Puede ayudarme, por favor?
Ați putea să mă ajutați, vă rog?
[ats' put'a sə mə aʒu'tats', və rog?]

Busco …
Caut …
[kaut …]

Busco la salida.
Caut ieșirea.
[kaut 'eʃir'a]

Voy a …
Urmează să …
[ur'm'azə sə …]

¿Voy bien por aquí para …?
Merg în direcția bună către …?
[merg in di'rektsja 'bunə 'kɛtre …?]

¿Está lejos?
Este departe?
[este de'parte?]

¿Puedo llegar a pie?
Pot ajunge acolo pe jos?
[pot a'ʒunʒe a'kolo pe ʒos?]

¿Puede mostrarme en el mapa?
Îmi puteți arăta pe hartă?
[im' pu'tets' arə'ta pe 'hartə?]

Por favor muestreme dónde estamos.
Arătați-mi unde ne aflăm acum.
[arə'tatsi-mi 'unde ne afləm a'kum]

Aquí
Aici
[a'itʃi]

Allí
Acolo
[a'kolo]

Por aquí
Pe aici
[pe a'itʃi]

Gire a la derecha.
Faceți dreapta.
[fa'tʃets' 'dr'apta]

Gire a la izquierda.
Faceți stânga.
[fa'tʃets' 'stinga]

la primera (segunda, tercera) calle
prima (a doua, a treia)
[prima (a 'dowa, a 'treja)]

a la derecha
la dreapta
[la 'dr'apta]

a la izquierda   **la stânga**
                                     [la 'stinga]

Siga recto.   **Mergeţi drept înainte.**
                                     [merdʒetsⁱ drept ina'inte]

Carteles

¡BIENVENIDO!	**BINE AȚI VENIT!** [bine 'atsʲ ve'nit!]
ENTRADA	**INTRARE** [in'trare]
SALIDA	**IEȘIRE** [je'ʃire]
EMPUJAR	**ÎMPINGEȚI** [im'pinʒetsʲ]
TIRAR	**TRAGEȚI** [tra'dʒetsʲ]
ABIERTO	**DESCHIS** [des'kis]
CERRADO	**ÎNCHIS** [in'kis]
PARA SEÑORAS	**PENTRU FEMEI** [pentru fe'mej]
PARA CABALLEROS	**PENTRU BĂRBAȚI** [pentru bər'batsʲ]
CABALLEROS	**BĂRBAȚI** [bər'batsʲ]
SEÑORAS	**FEMEI** [fe'mej]
REBAJAS	**REDUCERI** [re'dutʃerʲ]
VENTA	**OFERTĂ** [o'fertə]
GRATIS	**GRATUIT** [gratu'it]
¡NUEVO!	**NOU!** ['nou!]
ATENCIÓN	**ATENȚIE!** [a'tentsie!]
COMPLETO	**NU MAI SUNT CAMERE DISPONIBILE** [nu maj sunt 'kamere dispo'nibile]
RESERVADO	**REZERVAT** [rezer'vat]
ADMINISTRACIÓN	**CONDUCERE** [kon'dutʃere]
SÓLO PERSONAL AUTORIZADO	**REZERVAT PERSONAL** [rezer'vat perso'nal]

CUIDADO CON EL PERRO	**ATENȚIE, CÂINE RĂU!** [a'tentsie, 'kijne rəu!]
NO FUMAR	**FUMATUL INTERZIS!** [fu'matul inter'zis!]
NO TOCAR	**A NU SE ATINGE!** [a nu se a'tinʒe!]
PELIGROSO	**PERICOL** [pe'rikol]
PELIGRO	**PERICOL GENERAL** [pe'rikol dʒene'ral]
ALTA TENSIÓN	**ATENȚIE ÎNALTĂ TENSIUNE** [a'tentsie inaltə tensi'une]
PROHIBIDO BAÑARSE	**ÎNOTUL INTERZIS!** [i'notul inter'zis!]
FUERA DE SERVICIO	**DEFECT** [de'fekt]
INFLAMABLE	**INFLAMABIL** [infla'mabil]
PROHIBIDO	**INTERZIS** [inter'zis]
PROHIBIDO EL PASO	**ACCES INTERZIS!** [aktʃes inter'zis!]
RECIÉN PINTADO	**PROASPĂT VOPSIT** [pro'aspət vop'sit]
CERRADO POR RENOVACIÓN	**ÎNCHIS PENTRU RENOVARE** [in'kis 'pentru reno'vare]
EN OBRAS	**ATENȚIE SE LUCREAZĂ** [a'tentsie se lu'krʲazə]
DESVÍO	**TRAFIC DEVIAT** [trafik de'vjat]

Transporte. Frases generales

el avión	**avion** [a'vjon]
el tren	**tren** [tren]
el bus	**autobuz** [auto'buz]
el ferry	**feribot** [feri'bot]
el taxi	**taxi** [ta'ksi]
el coche	**maşină** [ma'ʃinə]
el horario	**orar** [o'rar]
¿Dónde puedo ver el horario?	**Unde pot vedea orarul?** [unde pot ve'dʲa o'rarul?]
días laborables	**zile de lucru** [zile de 'lukru]
fines de semana	**sfârşit de săptămână** [sfir'ʃit de səptə'minə]
días festivos	**sărbători** [sərbəto'ri]
SALIDA	**PLECĂRI** [plekərʲ]
LLEGADA	**SOSIRI** [so'sirʲ]
RETRASADO	**ÎNTÂRZIERI** [intirzi'erʲ]
CANCELADO	**ANULĂRI** [anulərʲ]
siguiente (tren, etc.)	**următorul** [urmə'torul]
primero	**primul** ['primul]
último	**ultimul** ['ultimul]
¿Cuándo pasa el siguiente ...?	**Când este următorul ...?** [kind 'este urmə'torul ...?]
¿Cuándo pasa el primer ...?	**Când este primul ...?** [kind 'este 'primul ...?]

¿Cuándo pasa el último ...?

Când este ultimul ...?
[kind 'este 'ultimul ...?]

el trasbordo (cambio de trenes, etc.)

schimb
[skimb]

hacer un trasbordo

a schimba
[a skim'ba]

¿Tengo que hacer un trasbordo?

**Trebuie să schimb ...
(trenul | avionul)?**
[trebuje sə skimb ...
('trenul | a'vjonul)?]

Comprar billetes

¿Dónde puedo comprar un billete?	**De unde pot cumpăra bilete?** [de 'unde pot kumpə'ra bi'lete?]
el billete	**bilet** [bi'let]
comprar un billete	**a cumpăra un bilet** [a kumpə'ra un bi'let]
precio del billete	**prețul biletului** [pretsul bi'letului]
¿Para dónde?	**În ce direcţie?** [in tʃe di'rektsie?]
¿A qué estación?	**La ce staţie?** [la tʃe 'statsie?]
Necesito ...	**Am nevoie de ...** [am ne'voje de ...]
un billete	**un bilet** [un bi'let]
dos billetes	**două bilete** [dowə bi'lete]
tres billetes	**trei bilete** [trej bi'lete]
sólo ida	**dus** [dus]
ida y vuelta	**dus-întors** [dus-in'tors]
en primera (primera clase)	**clasa întâi** [klasa in'tij]
en segunda (segunda clase)	**clasa a doua** [klasa a 'dowa]
hoy	**astăzi** [astəzʲ]
mañana	**mâine** [mijne]
pasado mañana	**poimâine** [po'imiine]
por la mañana	**dimineaţa** [dimi'nʲatsa]
por la tarde	**după-masa** ['dupə-'masa]
por la noche	**seara** [sʲara]

asiento de pasillo	**loc la culoar** [lok la kulo'ar]
asiento de ventanilla	**loc la geam** [lok la dʒʲam]
¿Cuánto cuesta?	**Cât costă?** [kɨt 'kostə?]
¿Puedo pagar con tarjeta?	**Pot plăti cu cardul?** [pot plə'ti ku 'kardul?]

Autobús

el autobús	**autobuz** [auto'buz]
el autobús interurbano	**autobuz interurban** [auto'buz interur'ban]
la parada de autobús	**stație de autobuz** [sta'sie de auto'buz]
¿Dónde está la parada de autobuses más cercana?	**Unde este cea mai apropiată stație de autobuz?** [unde 'este ʧa maj apro'pjatə 'statsie de auto'buz?]

número	**număr** ['numər]
¿Qué autobús tengo que tomar para ...?	**Ce autobuz trebuie să iau să ajung la ...?** [ʧe auto'buz tre'buje sə jau sə a'ʒun la ...?]
¿Este autobús va a ...?	**Acest autobuz ajunge la ...?** [a'ʧest auto'buz a'ʒunʒe la ...?]
¿Cada cuanto pasa el autobús?	**La ce interval vin autobuzele?** [la ʧe inter'val vin auto'buzele?]

cada 15 minutos	**la fiecare 15 minute** [la fie'kare 'ʧinʧsprezeʧe mi'nute]
cada media hora	**la fiecare jumătate de oră** [la fie'kare ʒumə'tate de 'orə]
cada hora	**la fiecare oră** [la fie'kare 'orə]
varias veces al día	**de câteva ori pe zi** [de kite'va ori pe zi]
... veces al día	**de ... ori pe zi** [de ... ori pe zi]

el horario	**orar** [o'rar]
¿Dónde puedo ver el horario?	**Unde pot vedea orarul?** [unde pot ve'd'a o'rarul?]
¿Cuándo pasa el siguiente autobús?	**Când este următorul autobuz?** [kind 'este urmə'torul auto'buz?]
¿Cuándo pasa el primer autobús?	**Când este primul autobuz?** [kind 'este 'primul auto'buz?]
¿Cuándo pasa el último autobús?	**Când este ultimul autobuz?** [kind 'este 'ultimul auto'buz?]

la parada

staţie
[staţsie]

la siguiente parada

următoarea staţie
[urməto'arʲa 'staţsie]

la última parada

ultima staţie
[ultima 'staţsie]

Pare aquí, por favor.

Opriţi aici, vă rog.
[o'pritsʲ a'itʃi, və rog]

Perdone, esta es mi parada.

Scuzaţi-mă, cobor aici.
[sku'zaţsi-mə, ko'bor a'itʃi]

Tren

el tren	**tren** [tren]
el tren de cercanías	**tren suburban** [tren subur'ban]
el tren de larga distancia	**tren pe distanţă lungă** [tren pe dis'tanfsə 'lungə]
la estación de tren	**o gară** [o 'garə]
Perdone, ¿dónde está la salida al anden?	**Scuzaţi-mă, unde este ieşirea spre peron?** [sku'zafsi-mə, 'unde 'este ie'ʃir'a spre pe'ron?]
¿Este tren va a …?	**Acest tren merge la …?** [a'tʃest tren 'merdʒe la …?]
el siguiente tren	**următorul tren** [urmə'torul tren]
¿Cuándo pasa el siguiente tren?	**Când este următorul tren?** [kind 'este urmə'torul tren?]
¿Dónde puedo ver el horario?	**Unde pot vedea mersul trenurilor?** [unde pot ve'd'a 'mersul 'trenurilor?]
¿De qué andén?	**De la care peron?** [de la kare pe'ron?]
¿Cuándo llega el tren a …?	**Când ajunge trenul la …?** [kind a'ʒunʒe 'trenul la …?]
Ayudeme, por favor.	**Vă rog să mă ajutaţi.** [və rog sə mə aʒu'tafsi]
Busco mi asiento.	**Îmi caut locul.** [im'ʲ 'kaut 'lokul]
Buscamos nuestros asientos.	**Ne căutăm locurile.** [ne kəutəm 'lokurile]
Mi asiento está ocupado.	**Locul meu este ocupat.** [lokul 'meu 'este oku'pat]
Nuestros asientos están ocupados.	**Locurile noastre sunt ocupate.** [lokurile no'astre sunt oku'pate]
Perdone, pero ese es mi asiento.	**Îmi pare rău dar acesta este locul meu.** [im'ʲ 'pare rəu dar a'tʃesta 'este 'lokul 'meu]

¿Está libre?

Este liber acest loc?
[este 'liber a'tʃest lok?]

¿Puedo sentarme aquí?

Pot să stau aici?
[pot sə 'stau a'itʃi?]

En el tren. Diálogo (Sin billete)

Su billete, por favor.

Biletul la control.
[bi'letul la kon'trol]

No tengo billete.

Nu am bilet.
[nu am bi'let]

He perdido mi billete.

Mi-am pierdut biletul.
[mi-am 'pjerdut bi'letul]

He olvidado mi billete en casa.

Mi-am uitat biletul acasă.
[mi-am 'ujtat bi'letul a'kasə]

Le puedo vender un billete.

Puteți cumpăra un bilet de la mine.
[pu'tetsʲ kumpə'ra un bi'let de la 'mine]

También deberá pagar una multa.

**Va trebui, de asemenea,
să plătiți și o amendă.**
[va 'trebuj, de a'semenʲa,
sə plə'titsʲ ʃi o a'mendə]

Vale.

Bine.
['bine]

¿A dónde va usted?

Unde mergeți?
[unde mer'dʒetsi?]

Voy a …

Merg la …
[merg la …]

¿Cuánto es? No lo entiendo.

Cât costă? Nu înțeleg.
[kit 'kostə? nu intse'leg]

Escríbalo, por favor.

Scrieți pe ceva, vă rog.
[skri'etsʲ pe tʃe'va, və rog]

Vale. ¿Puedo pagar con tarjeta?

Bine. Pot plăti cu cardul?
[bine. pot plə'ti ku 'kardul?]

Sí, puede.

Da, puteți.
[da, pu'tetsʲ]

Aquí está su recibo.

Aceasta este chitanța dumneavoastră.
[a'tʃasta 'este ki'tantsa dumnʲavo'astrə]

Disculpe por la multa.

Îmi pare rău pentru amendă.
[imʲ 'pare rəu 'pentru a'mendə]

No pasa nada. Fue culpa mía.

Este în regulă. A fost vina mea.
[este in 'regulə. a fost 'vina mʲa]

Disfrute su viaje.

Călătorie plăcută!
[kələto'rie plə'kutə!]

Taxi

taxi	**taxi** [ta'ksi]
taxista	**şofer de taxi** [ʃo'fer de ta'ksi]
coger un taxi	**a lua un taxi** [a 'lua un ta'ksi]
parada de taxis	**staţie de taxiuri** [sta'tsie de ta'ksjuri]
¿Dónde puedo coger un taxi?	**De unde pot lua un taxi?** [de 'unde pot 'lua un ta'ksi?]
llamar a un taxi	**a chema un taxi** [a 'kema un ta'ksi]
Necesito un taxi.	**Am nevoie de un taxi.** [am ne'voje de un ta'ksi]
Ahora mismo.	**Acum.** [a'kum]
¿Cuál es su dirección?	**Care este adresa dumneavoastră?** [kare 'este a'dresa dumni'avo'astrə?]
Mi dirección es …	**Adresa mea este …** [a'dresa mia 'este …]
¿Cuál es el destino?	**Unde mergeţi?** [unde mer'dʒetsi?]

Perdone, …	**Scuzaţi-mă, …** [sku'zatsi-mə, …]
¿Está libre?	**Sunteţi liber?** [sun'tetsi 'liber?]
¿Cuánto cuesta ir a …?	**Cât costă până la …?** [kit 'kostə 'pinə la …?]
¿Sabe usted dónde está?	**Ştiţi unde este?** [ʃtitsi 'unde 'este?]

Al aeropuerto, por favor.	**La aeroport, vă rog.** [la aero'port, və rog]
Pare aquí, por favor.	**Opriţi aici, vă rog.** [o'pritsi a'itʃi, və rog]
No es aquí.	**Nu este aici.** [nu 'este a'itʃi]
La dirección no es correcta.	**Adresa asta este greşită.** [a'dresa as'ta 'este gre'ʃitə]
Gire a la izquierda.	**Luaţi-o la stânga.** [lu'atsi-o la 'stinga]
Gire a la derecha.	**Luaţi-o la dreapta.** [lu'atsi-o la 'driapta]

¿Cuánto le debo?

¿Me da un recibo, por favor?

Quédese con el cambio.

Cât vă datorez?
[kit və da'torez?]

Aş dori o chitanţă, vă rog.
[aʃ do'ri o ki'tantsə, və rog]

Păstraţi restul.
[pəs'tratsʲ 'restul]

Espéreme, por favor.

cinco minutos

diez minutos

quince minutos

veinte minutos

media hora

Mă puteţi aştepta, vă rog?
[mə pu'tetsʲ aʃtep'ta, və rog?]

cinci minute
[tʃintʃ mi'nute]

zece minute
[zetʃe mi'nute]

cincisprezece minute
[tʃintʃisprezetʃe mi'nute]

douăzeci de minute
[dowə'zetʃi de mi'nute]

o jumătate de oră
[o ʒumə'tate de 'orə]

Hotel

Hola.	**Bună ziua.**
	[bunə 'ziwa]
Me llamo …	**Mă numesc …**
	[mə nu'mesk …]
Tengo una reserva.	**Am o rezervare.**
	[am o rezer'vare]
Necesito …	**Am nevoie de …**
	[am ne'voje de …]
una habitación individual	**o cameră single**
	[o 'kamerə 'singlə]
una habitación doble	**o cameră dublă**
	[o 'kamerə 'dublə]
¿Cuánto cuesta?	**Cât costă?**
	[kit 'kostə?]
Es un poco caro.	**Este puțin cam scump.**
	[este pu'tsin kam skump]
¿Tiene alguna más?	**Mai există alte opțiuni?**
	[maj e'gzistə 'alte op'tsjuni?]
Me quedo.	**O iau.**
	[o 'jau]
Pagaré en efectivo.	**Plătesc în numerar.**
	[plə'tesk in nume'rar]
Tengo un problema.	**Am o problemă.**
	[am o pro'blemə]
Mi … no funciona.	**… este stricat /stricată/.**
	[… 'este stri'kat /stri'katə/]
Mi … está fuera de servicio.	**… este defect /defectă/.**
	[… 'este de'fekt /'este de'fektə/]
televisión	**Meu televizorul (este stricat)**
	[meu televi'zorul ('este stri'kat)]
aire acondicionado	**Aerul meu condiționat (este defect)**
	[aerul 'meu kondiʦjo'nat ('este de'fekt)]
grifo	**Meu robinetul (este stricat)**
	[meu robi'netul ('este stri'kat)]
ducha	**Meu dușul (este stricat)**
	[meu 'duʃul ('este stri'kat)]
lavabo	**Mea chiuveta (este defectă)**
	[mʲa kju'veta ('este de'fektə)]
caja fuerte	**Meu seiful (este stricat)**
	[meu 'sejful ('este stri'kat)]

cerradura	Încuietoarea (este defectă)
	[inkue'toarʲa]
enchufe	Mea priza (este defectă)
	[mʲa 'priza ('este de'fektə)]
secador de pelo	Uscătorul meu de păr (este stricat)
	[uskə'torul 'meu de pər ('este stri'kat)]

No tengo ...	Nu am ...
	[nu am ...]
agua	apă
	['apə]
luz	lumină
	[lu'minə]
electricidad	curent electric
	[ku'rent e'lektric]

¿Me puede dar ...?	Îmi puteți da ...?
	[imʲ pu'tetsʲ da ...?]
una toalla	un prosop
	[un pro'sop]
una sábana	o pătură
	[o 'pəturə]
unas chanclas	papuci
	[pa'putʃi]
un albornoz	un halat
	[un ha'lat]
un champú	niște șampon
	[ʃam'pon]
jabón	niște săpun
	[sə'pun]

Quisiera cambiar de habitación.	Aș dori să îmi schimb camera.
	[aʃ do'ri sə imj skimb 'kamera]
No puedo encontrar mi llave.	Nu îmi găsesc cheia.
	[nu imj gə'sesk ke'ja]
Por favor abra mi habitación.	Puteți să îmi deschideți
	camera, vă rog?
	[pu'tetsʲ sə imʲ de'skidetsʲ
	'kamera, və rog?]

¿Quién es?	Cine e?
	[tʃine e?]
¡Entre!	Intrați!
	[in'tratsʲ!]
¡Un momento!	Un minut!
	[un mi'nut!]

Ahora no, por favor.	Nu acum, vă rog.
	[nu a'kum, və rog]
Venga a mi habitación, por favor.	Veniți în camera mea, vă rog.
	[ve'nitsʲ in 'kamera mʲa, və rog]

Quisiera hacer un pedido.

**Aş dori să îmi comand
de mâncare în cameră.**
[aʃ do'ri sə imj ko'mand
de min'kare in 'kamerə]

Mi número de habitación es ...

Numărul camerei mele este ...
[numərul 'kamerej mele 'este ...]

Me voy ...

Plec ...
[plek ...]

Nos vamos ...

Plecăm ...
[plekəm ...]

Ahora mismo

acum
[a'kum]

esta tarde

în această după-masă
[in a'tʃastə 'dupə-'masə]

esta noche

diseară
[di'sʲarə]

mañana

mâine
[mijne]

mañana por la mañana

mâine dimineaţă
[mijne dimi'nʲatsə]

mañana por la noche

mâine seară
[mijne 'sʲarə]

pasado mañana

poimâine
[po'imʲine]

Quisiera pagar la cuenta.

Aş dori să plătesc.
[aʃ do'ri sə plə'tesk]

Todo ha estado estupendo.

Totul a fost excelent.
[totul a fost ekstʃe'lent]

¿Dónde puedo coger un taxi?

De unde pot lua un taxi?
[de 'unde pot 'lua un ta'ksi?]

¿Puede llamarme un taxi, por favor?

Îmi puteţi chema un taxi, vă rog?
[imʲ pu'tetsʲ ke'ma un ta'ksi, və rog?]

Restaurante

¿Puedo ver el menú, por favor?

Pot vedea meniul, vă rog?
[pot ve'dʲa me'njul, və rog?]

Mesa para uno.

O masă pentru o persoană.
[o 'masə 'pentru o perso'anə]

Somos dos (tres, cuatro).

Suntem două (trei, patru) persoane.
[suntem 'dowə (trej, 'patru) perso'ane]

Para fumadores

Fumători
[fumə'tori]

Para no fumadores

Nefumători
[nefumə'tori]

¡Por favor! (llamar al camarero)

Scuzaţi-mă!
[sku'zatsi-mə!]

la carta

meniu
[me'nju]

la carta de vinos

lista de vinuri
[lista de 'vinuri]

La carta, por favor.

Un meniu, vă rog.
[un me'nju, və rog]

¿Está listo para pedir?

Sunteţi gata să comandaţi?
[sun'tetsʲ 'gata sə koman'datsʲ?]

¿Qué quieren pedir?

Ce veţi servi?
[tʃe 'vetsi ser'vi?]

Yo quiero …

Vreau …
[vrʲau …]

Soy vegetariano.

Sunt vegetarian.
[sunt vedʒeta'rjan /vedʒeta'rjanə/]

carne

carne
['karne]

pescado

peşte
['peʃte]

verduras

legume
[le'gume]

¿Tiene platos para vegetarianos?

Aveţi feluri de mâncare vegetariene?
[a'vetsʲ fe'luri de mɨn'kare vedʒe'tariene?]

No como cerdo.

Nu mănânc porc.
[nu mə'nɨnk pork]

Él /Ella/ no come carne.

El /Ea/ nu mănâncă carne.
[el /ʲa/ nu mə'ninkə 'karne]

Soy alérgico a …

Sunt alergic la …
[sunt a'lerdʒik /a'lerdʒika/ la …]

¿Me puede traer …, por favor?

Vă rog frumos, îmi puteţi aduce …
[və rog fru'mos, ɨmj pu'tetsʲ a'dutʃe …]

sal | pimienta | azúcar

sare | piper | zahăr
[sare | pi'per | 'zahər]

café | té | postre

cafea | ceai | desert
[ka'fʲa | tʃaj | de'sert]

agua | con gas | sin gas

apă | minerală | plată
[apə | mine'ralə | 'platə]

una cuchara | un tenedor | un cuchillo

o lingură | o furculiţă | un cuţit
[o 'lingurə | o furku'litsə | un ku'tsit]

un plato | una servilleta

o farfurie | un şerveţel
[o farfu'rie | un ʃerve'tsel]

¡Buen provecho!

Poftă bună!
[poftə 'bunə!]

Uno más, por favor.

Încă unul /unula/, vă rog.
[ɨnkə 'unul /'unula/, və rog]

Estaba delicioso.

A fost foarte bun.
[a fost fo'arte bun]

---

la cuenta | el cambio | la propina

notă | rest | bacşiş
[notə | rest | bak'ʃiʃ]

La cuenta, por favor.

Nota, vă rog.
[nota, və rog]

¿Puedo pagar con tarjeta?

Pot plăti cu cardul?
[pot plə'ti ku 'kardul?]

Perdone, aquí hay un error.

Îmi pare rău, este o greşeală aici.
[ɨmʲ 'pare rəu, 'este o gre'ʃalə a'itʃi]

De Compras

¿Puedo ayudarle?	**Pot să vă ajut?** [pot sə və a'ʒut?]
¿Tiene …?	**Aveți …?** [a'vetsʲ …?]
Busco …	**Caut …** [kaut …]
Necesito …	**Am nevoie de …** [am ne'voje de …]

Sólo estoy mirando.	**Doar mă uit.** [do'ar mə uit]
Sólo estamos mirando.	**Doar ne uităm.** [do'ar ne uitəm]
Volveré más tarde.	**Mă întorc mai târziu.** [mə in'tork maj tir'zju]
Volveremos más tarde.	**Ne întoarcem mai târziu.** [ne into'artʃem maj tir'zju]
descuentos	oferta	**reduceri	ofertă** [re'dutʃerʲ	o'fertə]

Por favor, enséñeme …	**Îmi puteți arăta …, vă rog.** [imʲ pu'tetsʲ arə'ta …, və rog]
¿Me puede dar …, por favor?	**Îmi puteți da …, vă rog.** [imʲ pu'tetsʲ da …, və rog]
¿Puedo probarmelo?	**Pot să probez?** [pot sə pro'bez?]
Perdone, ¿dónde están los probadores?	**Nu vă supărați, unde este cabina de probă?** [nu və supə'ratsʲ, 'unde 'este ka'bina de 'probə?]
¿Qué color le gustaría?	**Ce culoare ați dori?** [tʃe kulo'are 'atsʲ do'ri?]
la talla	el largo	**mărime	lungime** [mə'rime	lun'dʒime]
¿Cómo le queda? (¿Está bien?)	**Cum vine?** [kum 'vine?]

¿Cuánto cuesta esto?	**Cât costă asta?** [kit 'kostə 'asta?]
Es muy caro.	**Este prea scump.** [este prʲa skump]
Me lo llevo.	**Îl iau /O iau/.** [iɫ 'jau /o 'jau/]

Perdone, ¿dónde está la caja?

Nu vă supăraţi, unde plătesc?
[nu və supə'raʦʲ, 'unde plə'tesk?]

¿Pagará en efectivo o con tarjeta?

Plătiţi în numerar sau cu cardul?
[plə'tiʦʲ in nume'rar sau ku 'kardul?]

en efectivo | con tarjeta

În numerar | cu cardul
[in nume'rar | ku 'kardul]

¿Quiere el recibo?

Doriţi chitanţă?
[do'riʦʲ ki'tanʦə?]

Sí, por favor.

Da, vă rog.
[da, və rog]

No, gracias.

Nu, este în regulă.
[nu, 'este in 'regulə]

Gracias. ¡Que tenga un buen día!

Mulţumesc. O zi bună!
[mulʦu'mesk. o zi 'bunə!]

En la ciudad

Perdone, por favor.	**Îmi cer scuze.** [imi tʃer 'skuze]
Busco …	**Caut …** [kaut …]
el metro	**metroul** [me'troul]
mi hotel	**hotelul** [ho'telul]
el cine	**cinematograful** [tʃinemato'graful]
una parada de taxis	**o stație de taxi** [o 'statsie de ta'ksi]
un cajero automático	**un bancomat** [un banko'mat]
una oficina de cambio	**un birou de schimb valutar** [un bi'rou de skimb valu'tar]
un cibercafé	**un internet café** [un inter'net kafé]
la calle …	**… strada** [… 'strada]
este lugar	**locul acesta** [lokul a'tʃesta]
¿Sabe usted dónde está …?	**Știți unde este …?** [ʃtits' 'unde 'este …?]
¿Cómo se llama esta calle?	**Ce stradă este aceasta?** [tʃe 'stradə 'este a'tʃasta?]
Muestreme dónde estamos ahora.	**Arătați-mi unde ne aflăm acum.** [arə'tatsi-mi 'unde ne afləm a'kum]
¿Puedo llegar a pie?	**Pot ajunge acolo pe jos?** [pot a'ʒunʒe a'kolo pe ʒos?]
¿Tiene un mapa de la ciudad?	**Aveți o hartă a orașului?** [a'vets' o 'hartə a ora'ʃului?]
¿Cuánto cuesta la entrada?	**Cât costă un bilet de intrare?** [kit 'kostə un bi'let de in'trare?]
¿Se pueden hacer fotos aquí?	**Este permis fotografiatul aici?** [este per'mis fotogra'fjatul a'itʃi?]
¿Está abierto?	**Este deschis?** [este des'kis?]

¿A qué hora abren?

La ce oră deschideți?
[la t͡ʃe 'orə des'kidet͡sʲ?]

¿A qué hora cierran?

La ce oră închideți?
[la t͡ʃe 'orə in'kidet͡sʲ?]

Dinero

dinero	**bani** ['bani]
efectivo	**numerar** [nume'rar]
billetes	**bancnote** [bank'note]
monedas	**mărunţiş** [mərun'tsiʃ]
la cuenta | el cambio | la propina	**notă | rest | bacşiş** [note | rest | bak'ʃiʃ]
la tarjeta de crédito	**card bancar** [kard ban'kar]
la cartera	**portofel** [porto'fel]
comprar	**a cumpăra** [a kumpə'ra]
pagar	**a plăti** [a plə'ti]
la multa	**amendă** [a'mendə]
gratis	**gratis** [gratis]
¿Dónde puedo comprar ...?	**De unde pot cumpăra ...?** [de 'unde pot kumpə'ra ...?]
¿Está el banco abierto ahora?	**Banca este deschisă acum?** [banka 'este des'kise a'kum?]
¿A qué hora abre?	**Când deschide?** [kind des'kide?]
¿A qué hora cierra?	**Când închide?** [kind in'kide?]
¿Cuánto cuesta?	**Cât costă?** [kit 'kostə?]
¿Cuánto cuesta esto?	**Cât costă asta?** [kit 'kostə 'asta?]
Es muy caro.	**Este prea scump.** [este pr'a skump]
Perdone, ¿dónde está la caja?	**Nu vă supăraţi, unde plătesc?** [nu və supə'ratsi, 'unde plə'tesk?]
La cuenta, por favor.	**Nota, vă rog.** [nota, və rog]

¿Puedo pagar con tarjeta?

Pot plăti cu cardul?
[pot pləˈti ku ˈkardul?]

¿Hay un cajero por aquí?

Există vreun bancomat aici?
[eˈgzistə ˈvreun bankoˈmat aˈiʧi?]

Busco un cajero automático.

Caut un bancomat.
[kaut un bankoˈmat]

Busco una oficina de cambio.

Caut un birou de schimb valutar.
[kaut un biˈrou de skimb valuˈtar]

Quisiera cambiar ...

Aş dori să schimb ...
[aʃ doˈri sə skimb ...]

¿Cuál es el tipo de cambio?

Care este cursul de schimb?
[kare ˈeste ˈkursul de skimb?]

¿Necesita mi pasaporte?

Vă trebuie paşaportul meu?
[və ˈtrebuje paʃaˈportul ˈmeu?]

Tiempo

¿Qué hora es?	**Cât este ceasul?** [kit 'este 'tʃasul?]
¿Cuándo?	**Când?** [kind?]
¿A qué hora?	**La ce oră?** [la tʃe 'orə?]
ahora | luego | después de …	**acum | mai târziu | după …** [a'kum | maj tir'zju | 'dupə …]

la una	**ora unu** [ora 'unu]
la una y cuarto	**unu şi un sfert** [unu ʃi un sfert]
la una y medio	**unu şi jumătate** [unu ʃi ʒumə'tate]
las dos menos cuarto	**unu patruzeci şi cinci** [unu patru'zetʃ ʃi 'tʃintʃ]

una | dos | tres	**unu | două | trei** [unu | 'dowə | trej]
cuatro | cinco | seis	**patru | cinci | şase** [patru | 'tʃintʃ | 'ʃase]
siete | ocho | nueve	**şapte | opt | nouă** [ʃapte | opt | 'nowə]
diez | once | doce	**zece | unsprezece | doisprezece** [zetʃe | 'unsprezetʃe | 'dojsprezetʃe]

en …	**în …** [in …]
cinco minutos	**cinci minute** [tʃintʃ mi'nute]
diez minutos	**zece minute** [zetʃe mi'nute]
quince minutos	**cincisprezece minute** [tʃintʃisprezetʃe mi'nute]
veinte minutos	**douăzeci de minute** [dowə'zetʃi de mi'nute]

media hora	**într-o jumătate de oră** [intr-o ʒumə'tate de 'orə]
una hora	**într-o oră** [intr-o 'orə]
por la mañana	**dimineaţa** [dimi'nʲatsa]

por la mañana temprano	**dimineaţa devreme** [dimi'nʲaṭsa de'vreme]
esta mañana	**dimineaţa aceasta** [dimi'nʲaṭsa a'tʃasta]
mañana por la mañana	**mâine dimineaţă** [mijne dimi'nʲaṭsə]

al mediodía	**la prânz** [la prinz]
por la tarde	**după-masa** ['dupə-'masa]
por la noche	**seara** [sʲara]
esta noche	**diseară** [di'sʲarə]

por la noche	**noaptea** [no'aptʲa]
ayer	**ieri** [jerʲ]
hoy	**azi** [azʲ]
mañana	**mâine** [mijne]
pasado mañana	**poimâine** [po'imiine]

¿Qué día es hoy?	**Ce zi este astăzi?** [tʃe zi 'este astəzʲ?]
Es ...	**Azi este ...** [azʲ 'este ...]
lunes	**Luni** [lunʲ]
martes	**Marţi** [marʦʲ]
miércoles	**Miercuri** [mjerkurʲ]

jueves	**Joi** [ʒoj]
viernes	**Vineri** [vinerʲ]
sábado	**Sâmbătă** [simbətə]
domingo	**Duminică** [du'minikə]

Saludos. Presentaciones.

Hola.

Bună ziua.
[bunə 'ziwa]

Encantado /Encantada/ de conocerle.

Îmi pare bine.
[imʲ 'pare 'bine]

Yo también.

Şi mie.
[ʃi 'mie]

Le presento a …

Aş vrea să vă fac cunoştinţă cu …
[aʃ 'vrʲa sə və fak kunoʃ'tintsə ku …]

Encantado.

Mă bucur de cunoştinţă.
[mə bukur de kunoʃ'tintsə]

¿Cómo está?

Ce mai faceţi?
[tʃe maj 'fatʃetsʲ?]

Me llamo …

Mă numesc …
[mə nu'mesk …]

Se llama …

El este …
[el 'este …]

Se llama …

Ea este …
[ʲa 'este …]

¿Cómo se llama (usted)?

Cum vă numiţi?
[kum və nu'mitsʲ?]

¿Cómo se llama (él)?

Cum se numeşte dumnealui?
[kum se nu'meʃte dum'nalui?]

¿Cómo se llama (ella)?

Cum se numeşte dumneaei?
[kum se nu'meʃte dumna'ej?]

¿Cuál es su apellido?

Care este numele dumneavoastră de familie?
[kare 'este 'numele dumnʲavo'astrə de fa'milie?]

Puede llamarme …

Îmi puteţi spune …
[imʲ pu'tetsʲ 'spune …]

¿De dónde es usted?

De unde sunteţi?
[de 'unde 'suntetsʲ?]

Yo soy de ….

Sunt din …
[sunt din …]

¿A qué se dedica?

Cu ce vă ocupaţi?
[ku tʃe və oku'patsʲ?]

¿Quién es?

Cine este acesta /aceasta/?
[tʃine 'este a'tʃesta /a'tʃasta/?]

¿Quién es él?

Cine este el?
[tʃine 'este el?]

¿Quién es ella? | **Cine este ea?**
[ʧine 'este ja?]

¿Quiénes son? | **Cine sunt ei /ele/?**
[ʧine sunt ej /'ele/?]

Este es … | **Acesta /Aceasta/ este …**
[a'ʧesta /a'ʧasta/ 'este …]

mi amigo | **prietenul meu**
[pri'etenul 'meu]

mi amiga | **prietena mea**
[pri'etena mʲa]

mi marido | **soţul meu**
[soʦul 'meu]

mi mujer | **soţia mea**
[so'ʦia mʲa]

---

mi padre | **tatăl meu**
[tatəl 'meu]

mi madre | **mama mea**
[mama mʲa]

mi hermano | **fratele meu**
[fratele 'meu]

mi hermana | **sora mea**
[sora mʲa]

mi hijo | **fiul meu**
[fjul 'meu]

mi hija | **fiica mea**
[fiika mʲa]

Este es nuestro hijo. | **Acesta este fiul nostru.**
[a'ʧesta 'este fjul 'nostru]

Esta es nuestra hija. | **Aceasta este fiica noastră.**
[a'ʧasta 'este 'fiika no'astrə]

Estos son mis hijos. | **Aceştia sunt copiii mei.**
[a'ʧeʃtja sunt ko'piij mej]

Estos son nuestros hijos. | **Aceştia sunt copiii noştri.**
[a'ʧeʃtja sunt ko'piij 'noʃtri]

Despedidas

¡Adiós!	**Le revedere!** [le reve'dere!]
¡Chau!	**Pa!** [pa!]
Hasta mañana.	**Pe mâine.** [pe 'miine]
Hasta pronto.	**Pe curând.** [pe ku'rind]
Te veo a las siete.	**Ne vedem la şapte.** [ne ve'dem la 'ʃapte]
¡Que se diviertan!	**Distracţie plăcută!** [dis'traktsie plə'kutə!]
Hablamos más tarde.	**Ne auzim mai târziu.** [ne au'zim maj tir'zju]
Que tengas un buen fin de semana.	**Week-end plăcut.** [wi'kend plə'kut]
Buenas noches.	**Noapte bună.** [no'apte 'bunə]
Es hora de irme.	**E timpul să mă retrag.** [e 'timpul sə mə re'trag]
Tengo que irme.	**Trebuie să plec.** [trebuje sə plek]
Ahora vuelvo.	**Revin imediat.** [re'vin ime'djat]
Es tarde.	**Este târziu.** [este tir'zju]
Tengo que levantarme temprano.	**Trebuie să mă trezesc devreme.** [trebuje sə mə tre'zesk de'vreme]
Me voy mañana.	**Plec mâine.** [plek 'miine]
Nos vamos mañana.	**Plecăm mâine.** [plekəm 'miine]
¡Que tenga un buen viaje!	**Călătorie plăcută!** [kələto'rie plə'kutə!]
Ha sido un placer.	**Mi-a părut bine de cunoştinţă.** [mia pə'rut 'bine de kunoʃ'tintsə]
Fue un placer hablar con usted.	**Mi-a părut bine să stăm de vorbă.** [mia pə'rut 'bine sə stəm de 'vorbə]
Gracias por todo.	**Vă mulţumesc pentru tot.** [və mulʦu'mesk 'pentru tot]

Lo he pasado muy bien.	**M-am simțit foarte bine.** [mam sim'tsit fo'arte 'bine]
Lo pasamos muy bien.	**Ne-am simțit foarte bine.** [ne-am sim'tsit fo'arte 'bine]
Fue genial.	**A fost minunat.** [a fost minu'nat]
Le voy a echar de menos.	**O să îți simt lipsa.** [o sə 'itsʲ simt 'lipsa]
Le vamos a echar de menos.	**Îți vom simți lipsa.** [itsʲ vom 'simtsʲ 'lipsa]

¡Suerte!	**Noroc!** [no'rok!]
Saludos a …	**Salută-l pe… /Salut-o pe …/** [sa'lutəl pe… /sa'luto pe …/]

Idioma extranjero

No entiendo.	**Nu înțeleg.** [nu inʦe'leg]
Escríbalo, por favor.	**Scrieți pe ceva, vă rog.** [skri'eʦʲ pe ʧe'va, və rog]
¿Habla usted ...?	**Vorbiți ...?** [vor'biʦʲ ...?]

Hablo un poco de ...	**Vorbesc puțină ...** [vor'besk pu'ʦinə ...]
inglés	**engleză** [en'glezə]
turco	**turcă** ['turkə]
árabe	**arabă** [a'rabə]
francés	**franceză** [fran'ʧezə]

alemán	**germană** [dʒer'manə]
italiano	**italiană** [itali'anə]
español	**spaniolă** [spa'njolə]
portugués	**portugheză** [portu'gezə]
chino	**chineză** [ki'nezə]
japonés	**japoneză** [ʒapo'nezə]

¿Puede repetirlo, por favor?	**Vă rog să repetați.** [və rog sə repe'taʦʲ]
Lo entiendo.	**Am înțeles.** [am inʦe'les]
No entiendo.	**Nu înțeleg.** [nu inʦe'leg]
Hable más despacio, por favor.	**Vă rog să vorbiți mai rar.** [və rog sə vor'biʦʲ maj rar]

¿Está bien?	**Așa se spune?** [a'ʃa se 'spune?]
¿Qué es esto? (¿Que significa esto?)	**Ce e asta?** [ʧe e 'asta?]

Disculpas

Perdone, por favor.	**Îmi cer scuze.** [imʲ t͡ʃer 'skuze]
Lo siento.	**Îmi pare rău.** [imʲ 'pare rəu]
Lo siento mucho.	**Îmi pare foarte rău.** [imʲ 'pare fo'arte rəu]
Perdón, fue culpa mía.	**Scuze, este vina mea.** [skuze, 'este 'vina mʲa]
Culpa mía.	**Am greşit.** [am gre'ʃit]

¿Puedo ...?	**Aş putea ...?** [aʃ pu'tʲa ...?]
¿Le molesta si ...?	**Vă deranjează dacă ...?** [və deran'ʒʲazə 'dakə ...?]
¡No hay problema! (No pasa nada.)	**Nu face nimic.** [nu 'fat͡ʃe ni'mik]
Todo está bien.	**Este în regulă.** [este in 'regulə]
No se preocupe.	**Nu aveţi pentru ce.** [nu a'vetsʲ 'pentru t͡ʃe]

Acuerdos

Sí.	**Da.** [da]
Sí, claro.	**Da, desigur.** [da, de'sigur]
Bien.	**Bine!** ['bine!]
Muy bien.	**Foarte bine.** [fo'arte 'bine]
¡Claro que sí!	**Cu siguranţă!** [ku sigu'rantsə!]
Estoy de acuerdo.	**Sunt de acord.** [sunt de a'kord]

Es verdad.	**Corect.** [ko'rekt]
Es correcto.	**Aşa e.** [a'ʃa e]
Tiene razón.	**Ai dreptate.** [aj drep'tate]
No me molesta.	**Nu mă deranjează.** [nu mə deran'ʒ'azə]
Es completamente cierto.	**Fix aşa.** [fiks aʃa]

Es posible.	**Poate.** [po'ate]
Es una buena idea.	**E o idee bună.** [e o i'dee 'bunə]
No puedo decir que no.	**Nu pot să refuz.** [nu pot sə re'fuz]
Estaré encantado /encantada/.	**Mi-ar face plăcere.** [mi-ar 'fatʃe plə'tʃere]
Será un placer.	**Cu plăcere.** [ku plə'tʃere]

Rechazo. Expresar duda

No.	**Nu.** [nu]
Claro que no.	**Cu siguranţă nu.** [ku sigu'rantsǝ nu]
No estoy de acuerdo.	**Nu sunt de acord.** [nu sunt de a'kord]
No lo creo.	**Nu cred.** [nu kred]
No es verdad.	**Nu e adevărat.** [nu e adevǝ'rat]
No tiene razón.	**Vă înşelaţi.** [vǝ inʃe'latsi]
Creo que no tiene razón.	**Cred că faceţi o greşeală.** [kred tʃǝ 'fatʃetsi o gre'ʃalǝ]
No estoy seguro /segura/.	**Nu sunt sigur.** [nu sunt si'gur /si'gurǝ/]
No es posible.	**Este imposibil.** [este impo'sibil]
¡Nada de eso!	**Nici vorbă!** [nitʃi 'vorbǝ!]
Justo lo contrario.	**Exact pe dos.** [e'gzakt pe dos]
Estoy en contra de ello.	**Sunt împotrivă.** [sunt impo'trivǝ]
No me importa. (Me da igual.)	**Nu-mi pasă.** [nu-mi 'pasǝ]
No tengo ni idea.	**Nu am idee.** [nu am i'dee]
Dudo que sea así.	**Mă cam îndoiesc.** [mǝ kam indo'jesk]
Lo siento, no puedo.	**Îmi pare rău, nu pot.** [imi 'pare rǝu, nu pot]
Lo siento, no quiero.	**Îmi pare rău, nu vreau.** [imi 'pare rǝu, nu 'vriau]
Gracias, pero no lo necesito.	**Mulţumesc dar nu am nevoie.** [multsu'mesk dar nu am ne'voje]
Ya es tarde.	**Se face târziu.** [se 'fatʃe tir'zju]

Tengo que levantarme temprano.   **Trebuie să mă trezesc devreme.**
[trebuje sə mə tre'zesk de'vreme]

Me encuentro mal.   **Nu mă simt bine.**
[nu mə simt 'bine]

Expresar gratitud

Gracias.	**Mulțumesc.** [mulˈtsuˈmesk]
Muchas gracias.	**Vă mulțumesc foarte mult.** [və mulˈtsuˈmesk foˈarte mult]
De verdad lo aprecio.	**Mulțumesc frumos.** [mulˈtsuˈmesk fruˈmos /frumoˈasə/]
Se lo agradezco.	**Vă sunt recunoscător /recunoscătoare/.** [və sunt rekunoskəˈtor /rekunoskatoˈare/]
Se lo agradecemos.	**Vă suntem recunoscători.** [və ˈsuntem rekunoskəˈtori]
Gracias por su tiempo.	**Vă mulțumesc pentru timpul acordat.** [və mulˈtsuˈmesk ˈpentru ˈtimpul akorˈdat]
Gracias por todo.	**Mulțumesc pentru tot.** [mulˈtsuˈmesk ˈpentru tot]
Gracias por …	**Mulțumesc pentru …** [mulˈtsuˈmesk ˈpentru …]
su ayuda	**ajutor** [aʒuˈtor]
tan agradable momento	**timpul petrecut împreună** [timpul petreˈkut imprəˈunə]
una comida estupenda	**o masă excelentă** [o ˈmasə ekstʃeˈlentə]
una velada tan agradable	**o seară plăcută** [o ˈsʲarə pləˈkutə]
un día maravilloso	**o zi minunată** [o zi minuˈnatə]
un viaje increíble	**o călătorie extraordinară** [o kələtoˈrie ekstraordiˈnarə]
No hay de qué.	**Nu aveți pentru ce.** [nu aˈvetsʲ ˈpentru tʃe]
De nada.	**Cu plăcere.** [ku pləˈtʃere]
Siempre a su disposición.	**Oricând.** [oriˈkind]
Encantado /Encantada/ de ayudarle.	**Plăcerea este de partea mea.** [pləˈtʃerʲa ˈeste de ˈpartʲa mʲa]

No hay de qué.

N-ai pentru ce.
[naj 'pentru tʃe]

No tiene importancia.

Pentru puţin.
[pentru put'sin]

Felicitaciones , Mejores Deseos

¡Felicidades!

Felicitări!
[felitʃi'tɛri!]

¡Feliz Cumpleaños!

La mulţi ani!
[la 'mulʦʲ anʲ!]

¡Feliz Navidad!

Crăciun fericit!
[krə'ʧiun feri'ʧit!]

¡Feliz Año Nuevo!

Un An Nou fericit!
[un an nou feri'ʧit!]

¡Felices Pascuas!

Paşte fericit!
[paʃte feri'ʧit!]

¡Feliz Hanukkah!

Hanuka fericită!
[hanuka feri'ʧitə!]

Quiero brindar.

Aş dori să închin în toast.
[aʃ do'ri sə in'kin in tost]

¡Salud!

Noroc!
[no'rok!]

¡Brindemos por …!

Să bem pentru …!
[sə bem 'pentru …!]

¡A nuestro éxito!

Pentru succesul nostru!
[pentru suk'ʧesul 'nostru!]

¡A su éxito!

Pentru succesul dumneavoastră!
[pentru suk'ʧesul dumnʲavo'astrə!]

¡Suerte!

Baftă!
['baftə!]

¡Que tenga un buen día!

Să aveţi o zi frumoasă!
[sə a'veʦʲ o zi frumo'asə!]

¡Que tenga unas buenas vacaciones!

Vacanţă plăcută!
[va'kanʦə plə'kutə!]

¡Que tenga un buen viaje!

Drum bun!
[drum bun!]

¡Espero que se recupere pronto!

Multă sănătate!
[multə sənə'tate!]

Socializarse

¿Por qué está triste?	**De ce eşti supărat /supărată/?** [de tʃe 'eʃtʲ supə'rat /supə'ratə/?]
¡Sonría! ¡Animese!	**Zâmbeşte!** [zim'beʃte!]
¿Está libre esta noche?	**Eşti liber /liberă/ în seara asta?** [eʃtʲ 'liber /'liberə/ in 'sʲara 'asta?]

¿Puedo ofrecerle algo de beber?	**Pot să îţi fac cinste cu o băutură?** [pot sə 'itsʲ fak 'tʃinste ku o bəu'turə?]
¿Querría bailar conmigo?	**Vrei să dansezi?** [vrej sə dan'sezi?]
Vamos a ir al cine.	**Hai să mergem la film.** [haj sə 'merdʒem la film]

¿Puedo invitarle a …?	**Pot să te invit la …?** [pot sə te in'vit la …?]
un restaurante	**un restaurant** [un restau'rant]
el cine	**film** [film]
el teatro	**teatru** [te'atru]
dar una vuelta	**o plimbare** [o plim'bare]

¿A qué hora?	**La ce oră?** [la tʃe 'orə?]
esta noche	**diseară** [di'sʲarə]
a las seis	**la şase** [la 'ʃase]
a las siete	**la şapte** [la 'ʃapte]
a las ocho	**la opt** [la opt]
a las nueve	**la nouă** [la 'nowə]

¿Le gusta este lugar?	**Îţi place aici?** [itsʲ 'platʃie a'itʃi?]
¿Está aquí con alguien?	**Eşti cu cineva?** [eʃtʲ ku tʃine'va?]
Estoy con mi amigo /amiga/.	**Sunt cu un prieten /o prietenă/.** [sunt ku un pri'eten /o pri'etenə/]

Estoy con amigos.	**Sunt cu niște prieteni.** [sunt ku 'niʃte pri'etenj]
No, estoy solo /sola/.	**Nu, sunt singur /singură/.** [nu, sunt 'singur /'singurə/]

¿Tienes novio?	**Ai prieten?** [aj pri'eten?]
Tengo novio.	**Am prieten.** [am pri'eten]
¿Tienes novia?	**Ai prietenă?** [aj pri'etenə?]
Tengo novia.	**Am prietenă.** [am pri'etenə]

¿Te puedo volver a ver?	**Pot să te mai văd?** [pot sə te maj vəd?]
¿Te puedo llamar?	**Pot să te sun?** [pot sə te sun?]
Llámame.	**Sună-mă.** ['sunə-mə]
¿Cuál es tu número?	**Care este numărul tău de telefon?** [kare 'este 'numərul təu de tele'fon?]
Te echo de menos.	**Mi-e dor de tine.** [mi-e dor de 'tine]

¡Qué nombre tan bonito!	**Ce nume frumos ai.** [tʃe 'nume 'frumos aj]
Te quiero.	**Te iubesc.** [te ju'besk]
¿Te casarías conmigo?	**Vrei să fii soția mea?** [vrej sə fii sot'sia mʲa?]
¡Está de broma!	**Glumești!** [glu'meʃti!]
Sólo estoy bromeando.	**Glumeam.** [glu'mʲam]

¿En serio?	**Vorbiți serios?** [vor'bitsʲ se'rjos?]
Lo digo en serio.	**Vorbesc serios.** [vor'besk se'rjos]
¿De verdad?	**Serios?!** [se'rjos?!]
¡Es increíble!	**Incredibil!** [inkre'dibil!]
No le creo.	**Nu vă cred.** [nu və kred]
No puedo.	**Nu pot.** [nu pot]
No lo sé.	**Nu știu.** [nu 'ʃtiu]
No le entiendo.	**Nu vă înțeleg.** [nu və intse'leg]

Váyase, por favor.	**Vă rog să plecați.** [və rog sə ple'katsʲ]
¡Déjeme en paz!	**Lăsați-mă în pace!** [lə'satsi-mə in 'patʃe!]

Es inaguantable.	**Nu pot să îl sufăr.** [nu pot sə il 'sufər]
¡Es un asqueroso!	**Sunteți enervant!** [sun'tetsʲ ener'vant!]
¡Llamaré a la policía!	**Chem poliția!** [kem po'litsja!]

Compartir impresiones. Emociones

Me gusta.	**Îmi place.** [imi 'platʃe]
Muy lindo.	**Foarte drăguţ.** [fo'arte drə'guts]
¡Es genial!	**Minunat!** [minu'nat!]
No está mal.	**Nu e rău.** [nu e rəu]

No me gusta.	**Nu îmi place.** [nu imj 'platʃe]
No está bien.	**Nu e bine.** [nu e 'bine]
Está mal.	**E grav.** [e grav]
Está muy mal.	**E foarte grav.** [e fo'arte grav]
¡Qué asco!	**E dezgustător.** [e dezgustə'tor]

Estoy feliz.	**Sunt fericit /fericită/.** [sunt feri'tʃit /feri'tʃitə/]
Estoy contento /contenta/.	**Sunt mulţumit /mulţumită/.** [sunt multsu'mit /multsu'mitə/]
Estoy enamorado /enamorada/.	**Sunt îndrăgostit /îndrăgostită/.** [sunt indrəgos'tit /indrəgos'titə/]
Estoy tranquilo.	**Sunt calm /calmă/.** [sunt kalm /'kalmə/]
Estoy aburrido.	**Mă plictisesc.** [mə plikti'sesk]

Estoy cansado /cansada/.	**Sunt obosit /obosită/.** [sunt obo'sit /obo'sitə/]
Estoy triste.	**Sunt trist /tristă/.** [sunt trist /'tristə/]
Estoy asustado.	**Mi-e frică.** [mi-e 'frikə]
Estoy enfadado /enfadada/.	**Sunt nervos /nervoasă/.** [sunt ner'vos /nervo'asə/]

Estoy preocupado /preocupada/.	**Sunt îngrijorat /îngrijorată/.** [sunt ingriʒo'rat /ingriʒo'ratə/]
Estoy nervioso /nerviosa/.	**Sunt neliniştit /neliniştită/.** [sunt neliniʃ'tit /neliniʃ'titə/]

Estoy celoso /celosa/.

Sunt gelos /geloasă/.
[sunt ʤe'los /ʤelo'asə/]

Estoy sorprendido /sorprendida/.

Sunt surprins /surprinsă/.
[sunt sur'prins /sur'prinsə/]

Estoy perplejo /perpleja/.

Sunt nedumerit /nedumerită/.
[sunt nedume'rit /nedume'ritə/]

Problemas, Accidentes

Tengo un problema.	**Am o problemă.** [am o pro'blemə]
Tenemos un problema.	**Avem o problemă.** [a'vem o pro'blemə]
Estoy perdido /perdida/.	**M-am rătăcit.** [mam rətə'tʃit]
Perdí el último autobús (tren).	**Am pierdut ultimul autobuz (tren).** [am 'pjerdut 'ultimul auto'buz (tren)]
No me queda más dinero.	**Am rămas fără niciun ban.** [am rə'mas 'fərə 'nitʃiun ban]

He perdido …	**Mi-am pierdut …** [mi-am 'pjerdut …]
Me han robado …	**Cineva mi-a furat …** [tʃine'va mi-a fu'rat …]
mi pasaporte	**paşaportul** [paʃa'portul]
mi cartera	**portofelul** [porto'felul]
mis papeles	**actele** ['aktele]
mi billete	**biletul** [bi'letul]

mi dinero	**banii** ['banii]
mi bolso	**geanta** [dʒanta]
mi cámara	**aparat foto** [apa'rat 'foto]
mi portátil	**laptopul** [ləp'topul]
mi tableta	**tableta** [tab'leta]
mi teléfono	**telefonul mobil** [tele'fonul mo'bil]

¡Ayúdeme!	**Ajutaţi-mă!** [aʒu'tatsi-mə!]
¿Qué pasó?	**Ce s-a întâmplat?** [tʃe sa intim'plat?]
el incendio	**incendiu** [in'tʃendju]

un tiroteo	**împuşcături** [impuʃkə'turi]
el asesinato	**crimă** ['krimə]
una explosión	**explozie** [eks'plozie]
una pelea	**luptă** ['luptə]

¡Llame a la policía!	**Chemaţi poliţia!** [ke'matsʲ po'liʦja!]
¡Más rápido, por favor!	**Grabiţi-vă, vă rog!** [gra'biʦi-və, və rog!]
Busco la comisaría.	**Caut secţia de poliţie.** [kaut 'sekʦja de po'liʦje]
Tengo que hacer una llamada.	**Trebuie să dau un telefon.** [trebuje sə dau un tele'fon]
¿Puedo usar su teléfono?	**Pot folosi telefonul dumneavoastră?** [pot folo'si tele'fonul dumnʲavo'astrə?]

Me han …	**Am fost …** [am fost …]
asaltado /asaltada/	**tâlhărit /tâlhărită/** [tilhə'rit /tilhə'ritə/]
robado /robada/	**jefuit /jefuită/** [ʒefu'it /ʒefu'itə/]
violada	**violată** [vio'latə]
atacado /atacada/	**atacat /atacată/** [ata'kat /ata'katə/]

¿Se encuentra bien?	**Sunteţi bine?** [sun'tetsʲ 'bine?]
¿Ha visto quien a sido?	**Aţi văzut cine era?** [atsʲ və'zut ʧine e'ra?]
¿Sería capaz de reconocer a la persona?	**Aţi fi în stare să recunoaşteţi făptaşul?** [atsʲ fi in 'stare sə re'kunoaʃtetsi fəpta'ʃul?]
¿Está usted seguro?	**Sunteţi sigur /sigură/?** [sun'tetsʲ 'sigur /'sigurə/?]

Por favor, cálmese.	**Vă rog să vă calmaţi.** [və rog sə və kal'matsʲ]
¡Cálmese!	**Liniştiţi-vă!** [lini'ʃtitsi-və!]
¡No se preocupe!	**Nu vă faceţi griji!** [nu və 'faʧetsʲ griʒ!]
Todo irá bien.	**Totul va fi bine.** [totul va fi 'bine]
Todo está bien.	**Totul este în regulă.** [totul 'este in 'regulə]

Venga aquí, por favor.

Veniți aici, vă rog.
[ve'niţsi a'itʃi, və rog]

Tengo unas preguntas para usted.

Am câteva întrebări pentru dumneavoastră.
[am kite'va ɪntre'bɛrj 'pentru dumnʲavo'astrə]

Espere un momento, por favor.

Așteptați o clipă, vă rog.
[aʃtep'taţsʲ o 'klipə, və rog]

¿Tiene un documento de identidad?

Aveți vreun act de identitate?
[a'veţsʲ 'vreun akt de identi'tate?]

Gracias. Puede irse ahora.

Mulțumesc. Puteți pleca acum.
[mulţsu'mesk. Pu'teţsʲ ple'ka a'kum]

¡Manos detrás de la cabeza!

Mâinile la ceafă!
[mɨjnile la 'ʧafə!]

¡Está arrestado!

Sunteți arestat /arestată/!
[sun'teţsʲ ares'tat /ares'tatə/!]

Problemas de salud

Ayudeme, por favor.	**Vă rog să mă ajutați.** [və rog sə mə aʒu'tatsʲ]
No me encuentro bien.	**Mi-e rău.** [mi-e 'rəu]
Mi marido no se encuentra bien.	**Soțului meu îi este rău.** [sotsului 'meu ii 'este rəu]
Mi hijo …	**Fiului meu …** [fjului 'meu …]
Mi padre …	**Tatălui meu …** [tatəlui 'meu …]
Mi mujer no se encuentra bien.	**Soției mele îi este rău.** [sotsiej 'mele ii 'este rəu]
Mi hija …	**Fiicei mele …** [fiitʃej 'mele …]
Mi madre …	**Mamei mele …** [mamej 'mele …]
Me duele …	**Mă doare …** [mə do'are …]
la cabeza	**capul** ['kapul]
la garganta	**în gât** [in git]
el estómago	**stomacul** [sto'makul]
un diente	**o măsea** [o mə'sʲa]
Estoy mareado.	**Sunt amețit /amețită/.** [sunt ame'tsit /ame'tsitə/]
Él tiene fiebre.	**El are febră.** [el are 'febrə]
Ella tiene fiebre.	**Ea are febră.** [ja are 'febrə]
No puedo respirar.	**Nu pot să respir.** [nu pot sə res'pir]
Me ahogo.	**Respir greu.** [res'pir 'greu]
Tengo asma.	**Am astm.** [am astm]
Tengo diabetes.	**Am diabet.** [am dia'bet]

No puedo dormir.

Nu pot să form.
[nu pot sə form]

intoxicación alimentaria

intoxicație alimentară
[intoksi'katsie alimen'tarə]

Me duele aquí.

Mă doare aici.
[mə do'are a'itʃi]

¡Ayúdeme!

Ajutor!
[aʒu'tor!]

¡Estoy aquí!

Sunt aici!
[sunt a'itʃi!]

¡Estamos aquí!

Suntem aici!
[suntem a'itʃi!]

¡Saquenme de aquí!

Scoateți-mă de aici!
[skoa'tetsi-mə de a'itʃi!]

Necesito un médico.

Am nevoie de un doctor.
[am ne'voje de un dok'tor]

No me puedo mover.

Nu pot să mă mișc.
[nu pot sə mə miʃk]

No puedo mover mis piernas.

Nu îmi pot mișca picioarele.
[nu imj pot 'miʃka pitʃio'arele]

Tengo una herida.

Sunt rănit /rănită/.
[sunt rə'nit /rə'nitə/]

¿Es grave?

Este grav?
[este grav?]

Mis documentos están en mi bolsillo.

Actele mele sunt în buzunar.
[aktele 'mele sunt in buzu'nar]

¡Cálmese!

Calmați-vă!
[kal'matsi-və!]

¿Puedo usar su teléfono?

Pot folosi telefonul dumneavoastră?
[pot folo'si tele'fonul dumnʲavo'astrə?]

¡Llame a una ambulancia!

Chemați o ambulanță!
[ke'matsʲ o ambu'lantsə!]

¡Es urgente!

Este urgent!
[este ur'dʒent!]

¡Es una emergencia!

Este o urgență!
[este o ur'dʒentsə!]

¡Más rápido, por favor!

Grabiți-vă, vă rog!
[gra'bitsi-və, və rog!]

¿Puede llamar a un médico, por favor?

Vreți să chemați un doctor?
[vretsʲ sə ke'matsʲ un 'doktor?]

¿Dónde está el hospital?

Unde este spitalul?
[unde 'este spi'talul?]

¿Cómo se siente?

Cum vă simțiți?
[kum və sim'tsitsʲ?]

¿Se encuentra bien?

Sunteți bine?
[sun'tetsʲ 'bine?]

¿Qué pasó?

Ce s-a întâmplat?
[tʃe sa intim'plat?]

Me encuentro mejor.	**Mă simt mai bine acum.** [mə simt maj 'bine a'kum]
Está bien.	**E bine.** [e 'bine]
Todo está bien.	**E în regulă.** [e in 'regulə]

En la farmacia

la farmacia	**farmacie** [farma'ʧie]
la farmacia 24 horas	**farmacie non-stop** [farma'ʧie non-stop]
¿Dónde está la farmacia más cercana?	**Unde este cea mai apropiată farmacie?** [unde 'este ʧa maj apro'pjatə farma'ʧie?]

¿Está abierta ahora?	**Este deschis acum?** [este des'kis a'kum?]
¿A qué hora abre?	**La ce oră deschide?** [la ʧe 'orə des'kide?]
¿A qué hora cierra?	**La ce oră închide?** [la ʧe 'orə in'kide?]

¿Está lejos?	**Este departe?** [este de'parte?]
¿Puedo llegar a pie?	**Pot merge pe jos până acolo?** [pot 'merdʒe pe ʒos 'pinə a'kolo?]
¿Puede mostrarme en el mapa?	**Îmi puteți arăta pe hartă?** [imʲ pu'tetsʲ arə'ta pe 'hartə?]

Por favor, deme algo para …	**Vă rog să îmi dați ceva pentru …** [və rog sə imʲ 'datsʲ ʧe'va 'pentru …]
un dolor de cabeza	**durere de cap** [du'rere de kap]
la tos	**tuse** ['tuse]
el resfriado	**răceală** [rə'ʧalə]
la gripe	**gripă** ['gripə]

la fiebre	**febră** ['febrə]
un dolor de estomago	**durere de stomac** [du'rere de sto'mak]
nauseas	**greață** [grʲatsə]
la diarrea	**diaree** [dia'ree]
el estreñimiento	**constipație** [konsti'patsie]

un dolor de espalda	**durere de spate** [du'rere de 'spate]
un dolor de pecho	**durere în piept** [du'rere in pjept]
el flato	**junghi lateral** [ʒungʲ late'ral]
un dolor abdominal	**durere abdominală** [du'rere abdomi'nalə]

la píldora	**pastilă** [pas'tilə]
la crema	**unguent, cremă** [ungu'ent, 'kremə]
el jarabe	**sirop** [si'rop]
el spray	**spray** [spraj]
las gotas	**dropsuri** [dropsurʲ]

Tiene que ir al hospital.	**Trebuie să mergeţi la spital.** [trebuje sə mer'dʒetsʲ la spi'tal]
el seguro de salud	**asigurare de sănătate** [asigu'rare de sənə'tate]
la receta	**reţetă** [re'tsetə]
el repelente de insectos	**produs anti insecte** [pro'dus 'anti in'sektə]
la curita	**plasture** ['plasture]

Lo más imprescindible

Perdone, ...	**Nu vă supărați, ...** [nu və supə'raţsʲ, ...]
Hola.	**Buna ziua.** [buna 'ziwa]
Gracias.	**Mulțumesc.** [mulʦu'mesk]
Sí.	**Da.** [da]
No.	**Nu.** [nu]
No lo sé.	**Nu știu.** [nu 'ʃtiu]
¿Dónde?	¿A dónde?	¿Cuándo?	**Unde?	Încotro?	Când?** [unde?	inko'tro?	kind?]
Necesito ...	**Am nevoie de ...** [am ne'voje de ...]
Quiero ...	**Vreau ...** [vrʲau ...]
¿Tiene ...?	**Aveți ...?** [a'veţsʲ ...?]
¿Hay ... por aquí?	**Există ... aici?** [e'gzistə ... a'itʃi?]
¿Puedo ...?	**Pot ...?** [pot ...?]
..., por favor? (petición educada)	**..., vă rog** [..., və rog]
Busco ...	**Caut ...** [kaut ...]
el servicio	**o toaletă** [o toa'letə]
un cajero automático	**un bancomat** [un banko'mat]
una farmacia	**o farmacie** [o farma'tʃie]
el hospital	**un spital** [un spi'tal]
la comisaría	**o secție de poliție** [o 'sekʦie de po'liʦie]
el metro	**un metrou** [un me'trou]

un taxi	**un taxi** [un ta'ksi]
la estación de tren	**o gară** [o 'garə]

Me llamo …	**Numele meu este …** [numele 'meu 'este …]
¿Cómo se llama?	**Cum vă numiți?** [kum və nu'mitsʲ?]
¿Puede ayudarme, por favor?	**Mă puteți ajuta, vă rog?** [mə pu'tetsʲ aʒu'ta, və rog?]
Tengo un problema.	**Am o problemă.** [am o pro'blemə]
Me encuentro mal.	**Mi-e rău.** [mi-e 'rəu]
¡Llame a una ambulancia!	**Chemați o ambulanță!** [ke'matsʲ o ambu'lantsə!]
¿Puedo llamar, por favor?	**Pot să dau un telefon?** [pot sə dau un tele'fon?]

Lo siento.	**Îmi pare rău.** [imʲ 'pare rəu]
De nada.	**Cu plăcere.** [ku plə'tʃere]

Yo	**Eu** [eu]
tú	**tu** [tu]
él	**el** [el]
ella	**ea** [ja]
ellos	**ei** [ej]
ellas	**ele** ['ele]
nosotros /nosotras/	**noi** [noj]
ustedes, vosotros	**voi** [voj]
usted	**dumneavoastră** [dumnʲavo'astrə]

ENTRADA	**INTRARE** [in'trare]
SALIDA	**IEȘIRE** [je'ʃire]
FUERA DE SERVICIO	**DEFECT** [de'fekt]
CERRADO	**ÎNCHIS** [in'kis]

ABIERTO	**DESCHIS** [des'kis]
PARA SEÑORAS	**PENTRU FEMEI** [pentru fe'mej]
PARA CABALLEROS	**PENTRU BĂRBAȚI** [pentru bər'batsʲ]

VOCABULARIO TEMÁTICO

Esta sección contiene más
de 3.000 de las palabras más
importantes. El diccionario
le proporcionará una ayuda
inestimable mientras viaja al
extranjero, porque las palabras
individuales son a menudo
suficientes para que
le entiendan.
El diccionario incluye una
transcripción adecuada
de cada palabra extranjera

T&P Books Publishing

CONTENIDO
DEL DICCIONARIO

T&P Books Publishing

CONCEPTOS BÁSICOS

T&P Books Publishing

1. Los pronombres

yo	**eu**	[eu]
tú	**tu**	[tu]
él	**el**	[el]
ella	**ea**	[ⁱa]
nosotros, -as	**noi**	[noj]
vosotros, -as	**voi**	['voj]
ellos	**ei**	['ej]
ellas	**ele**	['ele]

2. Saludos. Salutaciones

¡Hola! (fam.)	**Bună ziua!**	['bunə 'ziwa]
¡Hola! (form.)	**Bună ziua!**	['bunə 'ziwa]
¡Buenos días!	**Bună dimineaţa!**	['bunə dimi'nⁱatsa]
¡Buenas tardes!	**Bună ziua!**	['bunə 'ziwa]
¡Buenas noches!	**Bună seara!**	['bunə 'sⁱara]
decir hola	**a se saluta**	[a se salu'ta]
¡Hola! (a un amigo)	**Salut!**	[sa'lut]
saludo (m)	**salut** (n)	[sa'lut]
saludar (vt)	**a saluta**	[a salu'ta]
¿Cómo estás?	**Ce mai faci?**	[tʃie maj 'fatʃi]
¿Qué hay de nuevo?	**Ce mai e nou?**	[tʃe maj e 'nou]
¡Chau! ¡Adiós!	**La revedere!**	[la reve'dere]
¡Hasta pronto!	**Pe curând!**	[pe ku'rind]
¡Adiós! (fam.)	**Rămâi cu bine!**	[rə'mij ku 'bine]
¡Adiós! (form.)	**Rămâneţi cu bine!**	[rəmi'nets ku 'bine]
despedirse (vr)	**a-şi lua rămas bun**	[aʃ lu'a rə'mas bun]
¡Hasta luego!	**Pa!**	[pa]
¡Gracias!	**Mulţumesc!**	[multsu'mesk]
¡Muchas gracias!	**Mulţumesc mult!**	[multsu'mesk mult]
De nada	**Cu plăcere**	[ku plə'tʃere]
No hay de qué	**Pentru puţin**	['pentru pu'tsin]
De nada	**Pentru puţin**	['pentru pu'tsin]
¡Disculpa!	**Scuză-mă!**	['skuzəmə]
¡Disculpe!	**Scuzaţi-mă!**	[sku'zatsimə]
disculpar (vt)	**a scuza**	[a sku'za]

disculparse (vr)	a cere scuze	[a 't͡ʃere 'skuze]
Mis disculpas	Cer scuze	[t͡ʃer 'skuze]
¡Perdóneme!	Lertaţi-mă!	[er'tatsimə]
perdonar (vt)	a ierta	[a er'ta]
por favor	vă rog	[və rog]

¡No se le olvide!	Nu uitaţi!	[nu uj'tatsʲ]
¡Ciertamente!	Desigur!	[de'sigur]
¡Claro que no!	Desigur ca nu!	[de'sigur kə nu]
¡De acuerdo!	Sunt de acord!	[sunt de a'kord]
¡Basta!	Ajunge!	[a'ʒund͡ʒe]

3. Las preguntas

¿Quién?	Cine?	['t͡ʃine]
¿Qué?	Ce?	[t͡ʃe]
¿Dónde?	Unde?	['unde]
¿Adónde?	Unde?	['unde]
¿De dónde?	De unde?	[de 'unde]
¿Cuándo?	Când?	[kind]
¿Para qué?	Pentru ce?	['pentru t͡ʃe]
¿Por qué?	De ce?	[de t͡ʃe]

¿Por qué razón?	Pentru ce?	['pentru t͡ʃe]
¿Cómo?	Cum?	[kum]
¿Qué ...? (~ color)	Care?	['kare]
¿Cuál?	Care?	['kare]

¿A quién?	Cui?	[kuj]
¿De quién? (~ hablan ...)	Despre cine?	['despre 't͡ʃine]
¿De qué?	Despre ce?	['despre t͡ʃe]
¿Con quién?	Cu cine?	[ku 't͡ʃine]

¿Cuánto? (innum.)	Câţi? Câte?	[kit͡s], ['kite]
¿Cuánto? (num.)	Cât? Câtă?	[kit], ['kitə]
¿De quién? (~ es este ...)	Al cui?	['al kuj]
¿De quién? (fem.)	A cui?	[a kuj]
¿De quién? (pl)	Ai cui?, Ale cui?	[aj kuj], ['ale kuj]

4. Las preposiciones

con ... (~ algn)	cu	[ku]
sin ... (~ azúcar)	fără	[fərə]
a ... (p.ej. voy a México)	la	[la]
de ... (hablar ~)	despre	['despre]
antes de ...	înainte de	[ina'inte de]
delante de ...	înaintea	[ina'intʲa]
debajo	sub	[sub]

sobre …, encima de …	deasupra	[dʲa'supra]
en, sobre (~ la mesa)	pe	[pe]
de (origen)	din	[din]
de (fabricado de)	din	[din]
dentro de …	peste	['peste]
encima de …	prin	[prin]

5. Las palabras útiles. Los adverbios. Unidad 1

¿Dónde?	Unde?	['unde]
aquí (adv)	aici	[a'itʃi]
allí (adv)	acolo	[a'kolo]
en alguna parte	undeva	[unde'va]
en ninguna parte	nicăieri	[nikə'erʲ]
junto a …	lângă …	['lingə]
junto a la ventana	lângă fereastră	['lingə fe'rʲastrə]
¿A dónde?	Unde?	['unde]
aquí (venga ~)	aici	[a'itʃi]
allí (vendré ~)	acolo	[a'kolo]
de aquí (adv)	de aici	[de a'itʃi]
de allí (adv)	de acolo	[de a'kolo]
cerca (no lejos)	aproape	[apro'ape]
lejos (adv)	departe	[de'parte]
cerca de …	alături	[a'ləturʲ]
al lado (de …)	alături	[a'ləturʲ]
no lejos (adv)	aproape	[apro'ape]
izquierdo (adj)	stâng	[sting]
a la izquierda (situado ~)	din stânga	[din 'stinga]
a la izquierda (girar ~)	în stânga	[in 'stinga]
derecho (adj)	drept	[drept]
a la derecha (situado ~)	din dreapta	[din 'drʲapta]
a la derecha (girar)	în dreapta	[in 'drʲapta]
delante (yo voy ~)	în faţă	[in 'fatsə]
delantero (adj)	din faţă	[din 'fatsə]
adelante (movimiento)	înainte	[ina'inte]
detrás de …	în urmă	[in 'urmə]
desde atrás	din spate	[din 'spate]
atrás (da un paso ~)	înapoi	[ina'poj]
centro (m), medio (m)	mijloc (n)	['miʒlok]
en medio (adv)	la mijloc	[la 'miʒlok]

de lado (adv)	dintr-o parte	['dintro 'parte]
en todas partes	peste tot	['peste tot]
alrededor (adv)	în jur	[in ʒur]
de dentro (adv)	dinăuntru	[dinə'untru]
a alguna parte	undeva	[unde'va]
todo derecho (adv)	direct	[di'rekt]
atrás (muévelo para ~)	înapoi	[ina'poj]
de alguna parte (adv)	de undeva	[de unde'va]
no se sabe de dónde	de undeva	[de unde'va]
primero (adv)	în primul rând	[in 'primul rind]
segundo (adv)	în al doilea rând	[in al 'dojlʲa rind]
tercero (adv)	în al treilea rând	[in al 'trejlʲa rind]
de súbito (adv)	deodată	[deo'datə]
al principio (adv)	la început	[la intʃe'put]
por primera vez	prima dată	['prima 'datə]
mucho tiempo antes ...	cu mult timp înainte de ...	[ku mult timp ina'inte de]
de nuevo (adv)	din nou	[din 'nou]
para siempre (adv)	pentru totdeauna	['pentru totdʲa'una]
jamás, nunca (adv)	niciodată	[nitʃio'datə]
de nuevo (adv)	iarăşi	['jarəʃ]
ahora (adv)	acum	[a'kum]
frecuentemente (adv)	des	[des]
entonces (adv)	atunci	[a'tuntʃi]
urgentemente (adv)	urgent	[ur'dʒent]
usualmente (adv)	de obicei	[de obi'tʃej]
a propósito, ...	apropo	[apro'po]
es probable	posibil	[po'sibil]
probablemente (adv)	probabil	[pro'babil]
tal vez	poate	[po'ate]
además ...	în afară de aceasta, ...	[in a'farə de a'tʃasta]
por eso ...	de aceea	[de a'tʃeja]
a pesar de ...	deşi ...	[de'ʃi]
gracias a ...	datorită ...	[dato'ritə]
qué (pron)	ce	[tʃe]
que (conj)	că	[kə]
algo (~ le ha pasado)	ceva	[tʃe'va]
algo (~ así)	ceva	[tʃe'va]
nada (f)	nimic	[ni'mik]
quien	cine	['tʃine]
alguien (viene ~)	cineva	[tʃine'va]
alguien (¿ha llamado ~?)	cineva	[tʃine'va]
nadie	nimeni	['nimenʲ]
a ninguna parte	nicăieri	[nikə'erʲ]

| de nadie | al nimănui | [al nimə'nuj] |
| de alguien | al cuiva | [al kuj'va] |

tan, tanto (adv)	aşa	[a'ʃa]
también (~ habla francés)	de asemenea	[de a'semenʲa]
también (p.ej. Yo ~)	la fel	[la fel]

6. Las palabras útiles. Los adverbios. Unidad 2

¿Por qué?	De ce?	[de ʧe]
no se sabe porqué	nu se ştie de ce	[nu se 'ʃtie de ʧe]
porque …	pentru că …	['pentru kə]
por cualquier razón (adv)	cine ştie pentru ce	['ʧine 'ʃtie 'pentru ʧe]

y (p.ej. uno y medio)	şi	[ʃi]
o (p.ej. té o café)	sau	['sau]
pero (p.ej. me gusta, ~)	dar	[dar]
para (p.ej. es para ti)	pentru	['pentru]

demasiado (adv)	prea	[prʲa]
sólo, solamente (adv)	numai	['numaj]
exactamente (adv)	exact	[e'gzakt]
unos …, cerca de … (~ 10 kg)	vreo	['vrəo]

aproximadamente	aproximativ	[aproksima'tiv]
aproximado (adj)	aproximativ	[aproksima'tiv]
casi (adv)	aproape	[apro'ape]
resto (m)	restul	['restul]
cada (adj)	fiecare	[fie'kare]
cualquier (adj)	oricare	[ori'kare]
mucho (adv)	mult	[mult]
muchos (mucha gente)	mulţi	[mulʦ]
todos	toţi	[toʦ]

a cambio de …	în schimb la …	[in 'skimb la]
en cambio (adv)	în schimbul	[in 'skimbul]
a mano (hecho ~)	manual	[manu'al]
poco probable	puţin probabil	[pu'ʦin pro'babil]

probablemente	probabil	[pro'babil]
a propósito (adv)	intenţionat	[intenʦio'nat]
por accidente (adv)	întâmplător	[intimplə'tor]

muy (adv)	foarte	[fo'arte]
por ejemplo (adv)	de exemplu	[de e'gzemplu]
entre (~ nosotros)	între	['intre]
entre (~ otras cosas)	printre	['printre]
tanto (~ gente)	atât	[a'tit]
especialmente (adv)	mai ales	[maj a'les]

NÚMEROS. MISCELÁNEA

T&P Books Publishing

cero	**zero**	['zero]
uno	**unu**	['unu]
dos	**doi**	[doj]
tres	**trei**	[trej]
cuatro	**patru**	['patru]
cinco	**cinci**	[t͡ʃint͡ʃ]
seis	**şase**	['ʃase]
siete	**şapte**	['ʃapte]
ocho	**opt**	[opt]
nueve	**nouă**	['nowə]
diez	**zece**	['zet͡ʃe]
once	**unsprezece**	['unsprezet͡ʃe]
doce	**doisprezece**	['dojsprezet͡ʃe]
trece	**treisprezece**	['trejsprezet͡ʃe]
catorce	**paisprezece**	['pajsprezet͡ʃe]
quince	**cincisprezece**	['t͡ʃint͡ʃsprezet͡ʃe]
dieciséis	**şaisprezece**	['ʃajsprezet͡ʃe]
diecisiete	**şaptesprezece**	['ʃaptesprezet͡ʃe]
dieciocho	**optsprezece**	['optsprezet͡ʃe]
diecinueve	**nouăsprezece**	['nowəsprezet͡ʃe]
veinte	**douăzeci**	[dowə'zet͡ʃi]
veintiuno	**douăzeci şi unu**	[dowə'zet͡ʃi ʃi 'unu]
veintidós	**douăzeci şi doi**	[dowə'zet͡ʃi ʃi doj]
veintitrés	**douăzeci şi trei**	[dowə'zet͡ʃi ʃi trej]
treinta	**treizeci**	[trej'zet͡ʃi]
treinta y uno	**treizeci şi unu**	[trej'zet͡ʃi ʃi 'unu]
treinta y dos	**treizeci şi doi**	[trej'zet͡ʃi ʃi doj]
treinta y tres	**treizeci şi trei**	[trej'zet͡ʃi ʃi trej]
cuarenta	**patruzeci**	[patru'zet͡ʃi]
cuarenta y uno	**patruzeci şi unu**	[patru'zet͡ʃi ʃi 'unu]
cuarenta y dos	**patruzeci şi doi**	[patru'zet͡ʃi ʃi doj]
cuarenta y tres	**patruzeci şi trei**	[patru'zet͡ʃi ʃi trej]
cincuenta	**cincizeci**	[t͡ʃint͡ʃ'zet͡ʃ]
cincuenta y uno	**cincizeci şi unu**	[t͡ʃint͡ʃ'zet͡ʃ ʃi 'unu]
cincuenta y dos	**cincizeci şi doi**	[t͡ʃint͡ʃ'zet͡ʃ ʃi doj]
cincuenta y tres	**cincizeci şi trei**	[t͡ʃint͡ʃ'zet͡ʃ ʃi trej]
sesenta	**şaizeci**	[ʃaj'zet͡ʃi]

sesenta y uno	şaizeci şi unu	[ʃajˈzetʃi ʃi ˈunu]
sesenta y dos	şaizeci şi doi	[ʃajˈzetʃi ʃi doj]
sesenta y tres	şaizeci şi trei	[ʃajˈzetʃi ʃi trej]

setenta	şaptezeci	[ʃapteˈzetʃi]
setenta y uno	şaptezeci şi unu	[ʃapteˈzetʃi ʃi ˈunu]
setenta y dos	şaptezeci şi doi	[ʃapteˈzetʃi ʃi doj]
setenta y tres	şaptezeci şi trei	[ʃapteˈzetʃi ʃi trej]

ochenta	optzeci	[optˈzetʃi]
ochenta y uno	optzeci şi unu	[optˈzetʃi ʃi ˈunu]
ochenta y dos	optzeci şi doi	[optˈzetʃi ʃi doj]
ochenta y tres	optzeci şi trei	[optˈzetʃi ʃi trej]

noventa	nouăzeci	[nowəˈzetʃi]
noventa y uno	nouăzeci şi unu	[nowəˈzetʃi ʃi ˈunu]
noventa y dos	nouăzeci şi doi	[nowəˈzetʃi ʃi doj]
noventa y tres	nouăzeci şi trei	[nowəˈzetʃi ʃi trej]

8. Números cardinales. Unidad 2

cien	o sută	[o ˈsutə]
doscientos	două sute	[ˈdowə ˈsute]
trescientos	trei sute	[trej ˈsute]
cuatrocientos	patru sute	[ˈpatru ˈsute]
quinientos	cinci sute	[tʃintʃ ˈsute]

seiscientos	şase sute	[ˈʃase ˈsute]
setecientos	şapte sute	[ˈʃapte ˈsute]
ochocientos	opt sute	[opt ˈsute]
novecientos	nouă sute	[ˈnowə ˈsute]

mil	o mie	[o ˈmie]
dos mil	două mii	[ˈdowə mij]
tres mil	trei mii	[trej mij]
diez mil	zece mii	[ˈzetʃe mij]
cien mil	o sută de mii	[o ˈsutə de mij]
millón (m)	milion (n)	[miˈljon]
mil millones	miliard (n)	[miˈljard]

9. Números ordinales

primero (adj)	primul	[ˈprimul]
segundo (adj)	al doilea	[al ˈdojlʲa]
tercero (adj)	al treilea	[al ˈtrejlʲa]
cuarto (adj)	al patrulea	[al ˈpatrulʲa]
quinto (adj)	al cincilea	[al ˈtʃintʃilʲa]
sexto (adj)	al şaselea	[al ˈʃaselʲa]

séptimo (adj)	al şaptelea	[al ˈʃaptelʲa]
octavo (adj)	al optulea	[al ˈoptulʲa]
noveno (adj)	al nouălea	[al ˈnowəlʲa]
décimo (adj)	al zecelea	[al ˈzetʃelʲa]

T&P BOOKS

LOS COLORES.
LAS UNIDADES DE MEDIDA

T&P Books Publishing

10. Los colores

color (m)	**culoare** (f)	[kulo'are]
matiz (m)	**nuanţă** (f)	[nu'antsə]
tono (m)	**ton** (n)	[ton]
arco (m) iris	**curcubeu** (n)	[kurku'beu]
blanco (adj)	**alb**	[alb]
negro (adj)	**negru**	['negru]
gris (adj)	**sur**	['sur]
verde (adj)	**verde**	['verde]
amarillo (adj)	**galben**	['galben]
rojo (adj)	**roşu**	['roʃu]
azul (adj)	**albastru închis**	[al'bastru i'nkis]
azul claro (adj)	**albastru deschis**	[al'bastru des'kis]
rosa (adj)	**roz**	['roz]
naranja (adj)	**portocaliu**	[portoka'lju]
violeta (adj)	**violet**	[vio'let]
marrón (adj)	**cafeniu**	[kafe'nju]
dorado (adj)	**de culoarea aurului**	[de kulo'arʲa 'auruluj]
argentado (adj)	**argintiu**	[ardʒin'tju]
beige (adj)	**bej**	[beʒ]
crema (adj)	**crem**	[krem]
turquesa (adj)	**turcoaz**	[turko'az]
rojo cereza (adj)	**vişiniu**	[viʃi'nju]
lila (adj)	**lila**	[li'la]
carmesí (adj)	**de culoarea zmeurei**	[de kulo'arʲa 'zmeurej]
claro (adj)	**de culoare deschisă**	[de kulo'are des'kisə]
oscuro (adj)	**de culoare închisă**	[de kulo'are i'nkisə]
vivo (adj)	**aprins**	[a'prins]
de color (lápiz ~)	**colorat**	[kolo'rat]
en colores (película ~)	**color**	[ko'lor]
blanco y negro (adj)	**alb-negru**	[alb 'negru]
unicolor (adj)	**monocrom**	[mono'krom]
multicolor (adj)	**multicolor**	[multiko'lor]

11. Las unidades de medida

peso (m)	**greutate** (f)	[greu'tate]
longitud (f)	**lungime** (f)	[lun'dʒime]

anchura (f)	**lăţime** (f)	[lə'tsime]
altura (f)	**înălţime** (f)	[inəl'tsime]
profundidad (f)	**adâncime** (f)	[adin'tʃime]
volumen (m)	**volum** (n)	[vo'lum]
área (f)	**suprafaţă** (f)	[supra'fatsə]
gramo (m)	**gram** (n)	[gram]
miligramo (m)	**miligram** (n)	[mili'gram]
kilogramo (m)	**kilogram** (n)	[kilo'gram]
tonelada (f)	**tonă** (f)	['tonə]
libra (f)	**funt** (m)	[funt]
onza (f)	**uncie** (f)	['untʃie]
metro (m)	**metru** (m)	['metru]
milímetro (m)	**milimetru** (m)	[mili'metru]
centímetro (m)	**centimetru** (m)	[tʃenti'metru]
kilómetro (m)	**kilometru** (m)	[kilo'metru]
milla (f)	**milă** (f)	['milə]
pulgada (f)	**ţol** (m)	[tsol]
pie (m)	**picior** (m)	[pi'tʃior]
yarda (f)	**yard** (m)	[jard]
metro (m) cuadrado	**metru** (m) **pătrat**	['metru pə'trat]
hectárea (f)	**hectar** (n)	[hek'tar]
litro (m)	**litru** (m)	['litru]
grado (m)	**grad** (n)	[grad]
voltio (m)	**volt** (m)	[volt]
amperio (m)	**amper** (m)	[am'per]
caballo (m) de fuerza	**cal-putere** (m)	[kal pu'tere]
cantidad (f)	**cantitate** (f)	[kanti'tate]
un poco de …	**puţin** …	[pu'tsin]
mitad (f)	**jumătate** (f)	[ʒumə'tate]
docena (f)	**duzină** (f)	[du'zinə]
pieza (f)	**bucată** (f)	[bu'katə]
dimensión (f)	**dimensiune** (f)	[dimensi'une]
escala (f) (del mapa)	**proporţie** (f)	[pro'portsie]
mínimo (adj)	**minim**	['minim]
el más pequeño (adj)	**cel mai mic**	[tʃel maj mik]
medio (adj)	**de, din mijloc**	[de, din 'miʒlok]
máximo (adj)	**maxim**	['maksim]
el más grande (adj)	**cel mai mare**	[tʃel maj 'mare]

12. Contenedores

tarro (m) de vidrio	**borcan** (n)	[bor'kan]
lata (f)	**cutie** (f)	[ku'tie]

cubo (m)	**găleată** (f)	[gə'lʲatə]
barril (m)	**butoi** (n)	[bu'toj]
palangana (f)	**lighean** (n)	[li'gʲan]
tanque (m)	**rezervor** (n)	[rezer'vor]
petaca (f) (de alcohol)	**damigeană** (f)	[dami'dʒanə]
bidón (m) de gasolina	**canistră** (f)	[ka'nistrə]
cisterna (f)	**cisternă** (f)	[tʃis'ternə]
taza (f) (mug de cerámica)	**cană** (f)	['kanə]
taza (f) (~ de café)	**ceaşcă** (f)	['tʃaʃkə]
platillo (m)	**farfurioară** (f)	[farfurio'arə]
vaso (m) (~ de agua)	**pahar** (n)	[pa'har]
copa (f) (~ de vino)	**cupă** (f)	['kupə]
olla (f)	**cratiţă** (f)	['kratitsə]
botella (f)	**sticlă** (f)	['stiklə]
cuello (m) de botella	**gâtul** (n) **sticlei**	['gitul 'stiklej]
garrafa (f)	**garafă** (f)	[ga'rafə]
jarro (m) (~ de agua)	**ulcior** (n)	[ul'tʃior]
recipiente (m)	**vas** (n)	[vas]
tarro (m)	**oală** (f)	[o'alə]
florero (m)	**vază** (f)	['vazə]
frasco (m) (~ de perfume)	**flacon** (n)	[fla'kon]
frasquito (m)	**sticluţă** (f)	[sti'klutsə]
tubo (m)	**tub** (n)	[tub]
saco (m) (~ de azúcar)	**sac** (m)	[sak]
bolsa (f) (~ plástica)	**pachet** (n)	[pa'ket]
paquete (m) (~ de cigarrillos)	**pachet** (n)	[pa'ket]
caja (f)	**cutie** (f)	[ku'tie]
cajón (m) (~ de madera)	**ladă** (f)	['ladə]
cesta (f)	**coş** (n)	[koʃ]

LOS VERBOS
MÁS IMPORTANTES

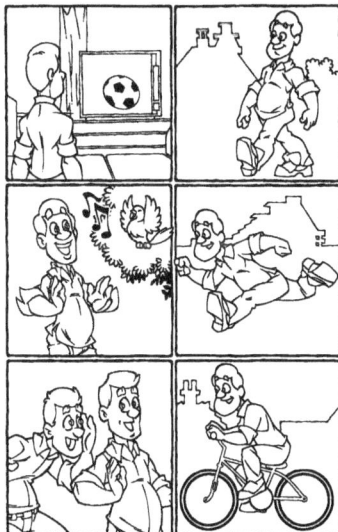

T&P Books Publishing

abrir (vt)	a deschide	[a des'kide]
acabar, terminar (vt)	a termina	[a termi'na]
aconsejar (vt)	a sfătui	[a sfətu'i]
adivinar (vt)	a ghici	[a gi'ʧi]
advertir (vt)	a avertiza	[a averti'za]
alabarse, jactarse (vr)	a se lăuda	[a se ləu'da]
almorzar (vi)	a lua prânzul	[a lu'a 'prinzul]
alquilar (~ una casa)	a închiria	[a inkiri'ja]
amenazar (vt)	a ameninţa	[a amenin'tsa]
arrepentirse (vr)	a regreta	[a regre'ta]
ayudar (vt)	a ajuta	[a aʒu'ta]
bañarse (vr)	a se scălda	[a se skəl'da]
bromear (vi)	a glumi	[a glu'mi]
buscar (vt)	a căuta	[a kəu'ta]
caer (vi)	a cădea	[a kə'dʲa]
callarse (vr)	a tăcea	[a tə'ʧa]
cambiar (vt)	a schimba	[a skim'ba]
castigar, punir (vt)	a pedepsi	[a pedep'si]
cavar (vt)	a săpa	[a sə'pa]
cazar (vi, vt)	a vâna	[a vi'na]
cenar (vi)	a cina	[a ʧi'na]
cesar (vt)	a înceta	[a anʧe'ta]
coger (vt)	a prinde	[a 'prinde]
comenzar (vt)	a începe	[a in'ʧepe]
comparar (vt)	a compara	[a kompa'ra]
comprender (vt)	a înţelege	[a intse'ledʒe]
confiar (vt)	a avea încredere	[a a'vʲa in'kredere]
confundir (vt)	a încurca	[a inkur'ka]
conocer (~ a alguien)	a cunoaşte	[a kuno'aʃte]
contar (vt) (enumerar)	a calcula	[a kalku'la]
contar con …	a conta pe …	[a kon'ta pe]
continuar (vt)	a continua	[a kontinu'a]
controlar (vt)	a controla	[a kontro'la]
correr (vi)	a alerga	[a aler'ga]
costar (vt)	a costa	[a kos'ta]
crear (vt)	a crea	[a 'krʲa]

14. Los verbos más importantes. Unidad 2

dar (vt)	a da	[a da]
dar una pista	a face aluzie	[a 'fatʃe a'luzie]
decir (vt)	a spune	[a 'spune]
decorar (para la fiesta)	a împodobi	[a impodo'bi]
defender (vt)	a apăra	[a apə'ra]
dejar caer	a scăpa	[a skə'pa]
desayunar (vi)	a lua micul dejun	[a lu'a 'mikul de'ʒun]
descender (vi)	a coborî	[a kobo'ri]
dirigir (administrar)	a conduce	[a kon'dutʃe]
disculparse (vr)	a cere scuze	[a 'tʃere 'skuze]
discutir (vt)	a discuta	[a disku'ta]
dudar (vt)	a se îndoi	[a se indo'i]
encontrar (hallar)	a găsi	[a gə'si]
engañar (vi, vt)	a minţi	[a min'tsi]
entrar (vi)	a intra	[a in'tra]
enviar (vt)	a trimite	[a tri'mite]
equivocarse (vr)	a greşi	[a gre'ʃi]
escoger (vt)	a alege	[a a'ledʒe]
esconder (vt)	a ascunde	[a as'kunde]
escribir (vt)	a scrie	[a 'skrie]
esperar (aguardar)	a aştepta	[a aʃtep'ta]
esperar (tener esperanza)	a spera	[a spe'ra]
estar de acuerdo	a fi de acord	[a fi de a'kord]
estudiar (vt)	a studia	[a studi'a]
exigir (vt)	a cere	[a 'tʃere]
existir (vi)	a exista	[a ekzis'ta]
explicar (vt)	a explica	[a ekspli'ka]
faltar (a las clases)	a lipsi	[a lip'si]
firmar (~ el contrato)	a semna	[a sem'na]
girar (~ a la izquierda)	a întoarce	[a into'artʃe]
gritar (vi)	a striga	[a stri'ga]
guardar (conservar)	a păstra	[a pəs'tra]
gustar (vi)	a plăcea	[a plə'tʃa]
hablar (vi, vt)	a vorbi	[a vor'bi]
hacer (vt)	a face	[a 'fatʃe]
informar (vt)	a informa	[a infor'ma]
insistir (vi)	a insista	[a insis'ta]
insultar (vt)	a jigni	[a ʒig'ni]
interesarse (vr)	a se interesa	[a se intere'sa]
invitar (vt)	a invita	[a invi'ta]

| ir (a pie) | a merge | [a 'merdʒe] |
| jugar (divertirse) | a juca | [a ʒu'ka] |

15. Los verbos más importantes. Unidad 3

leer (vi, vt)	a citi	[a tʃi'ti]
liberar (ciudad, etc.)	a elibera	[a elibe'ra]
llamar (por ayuda)	a chema	[a ke'ma]
llegar (vi)	a sosi	[a so'si]
llorar (vi)	a plânge	[a 'plindʒe]

matar (vt)	a omorî	[a omo'ri]
mencionar (vt)	a menţiona	[a mentsio'na]
mostrar (vt)	a arăta	[a arə'ta]
nadar (vi)	a înota	[a ino'ta]

negarse (vr)	a refuza	[a refu'za]
objetar (vt)	a contrazice	[a kontra'zitʃe]
observar (vt)	a observa	[a obser'va]
oír (vt)	a auzi	[a au'zi]

olvidar (vt)	a uita	[a uj'ta]
orar (vi)	a se ruga	[a se ru'ga]
ordenar (mil.)	a ordona	[a ordo'na]
pagar (vi, vt)	a plăti	[a plə'ti]
pararse (vr)	a se opri	[a se o'pri]

participar (vi)	a participa	[a partitʃi'pa]
pedir (ayuda, etc.)	a cere	[a 'tʃere]
pedir (en restaurante)	a comanda	[a koman'da]
pensar (vi, vt)	a se gândi	[a se gin'di]

percibir (ver)	a observa	[a obser'va]
perdonar (vt)	a ierta	[a er'ta]
permitir (vt)	a permite	[a per'mite]
pertenecer a ...	a aparţine	[a apar'tsine]

planear (vt)	a planifica	[a planifi'ka]
poder (v aux)	a putea	[a pu'tʲa]
poseer (vt)	a poseda	[a pose'da]
preferir (vt)	a prefera	[a prefe'ra]
preguntar (vt)	a întreba	[a intre'ba]

preparar (la cena)	a găti	[a gə'ti]
prever (vt)	a prevedea	[a preve'dʲa]
probar, tentar (vt)	a încerca	[a intʃer'ka]
prometer (vt)	a promite	[a pro'mite]
pronunciar (vt)	a pronunţa	[a pronun'tsa]
proponer (vt)	a propune	[a pro'pune]
quebrar (vt)	a rupe	[a 'rupe]

quejarse (vr)	**a se plânge**	[a se 'plindʒe]
querer (amar)	**a iubi**	[a ju'bi]
querer (desear)	**a vrea**	[a vrʲa]

16. Los verbos más importantes. Unidad 4

recomendar (vt)	**a recomanda**	[a rekoman'da]
regañar, reprender (vt)	**a certa**	[a tʃer'ta]
reírse (vr)	**a râde**	[a 'ride]
repetir (vt)	**a repeta**	[a repe'ta]
reservar (~ una mesa)	**a rezerva**	[a rezer'va]
responder (vi, vt)	**a răspunde**	[a rəs'punde]

robar (vt)	**a fura**	[a fu'ra]
saber (~ algo mas)	**a şti**	[a ʃti]
salir (vi)	**a ieşi**	[a e'ʃi]
salvar (vt)	**a salva**	[a sal'va]
seguir …	**a urma**	[a ur'ma]
sentarse (vr)	**a se aşeza**	[a se aʃə'za]

ser necesario	**a fi necesar**	[a fi netʃe'sar]
ser, estar (vi)	**a fi**	[a fi]
significar (vt)	**a însemna**	[a insem'na]
sonreír (vi)	**a zâmbi**	[a zim'bi]
sorprenderse (vr)	**a se mira**	[a se mi'ra]

subestimar (vt)	**a subaprecia**	[a subapretʃi'a]
tener (vt)	**a avea**	[a a'vʲa]
tener hambre	**a fi foame**	[a fi fo'ame]
tener miedo	**a se teme**	[a se 'teme]

tener prisa	**a se grăbi**	[a se grə'bi]
tener sed	**a fi sete**	[a fi 'sete]
tirar, disparar (vi)	**a trage**	[a 'tradʒe]
tocar (con las manos)	**a atinge**	[a a'tindʒe]
tomar (vt)	**a lua**	[a lu'a]
tomar nota	**a nota**	[a no'ta]

trabajar (vi)	**a lucra**	[a lu'kra]
traducir (vt)	**a traduce**	[a tra'dutʃe]
unir (vt)	**a uni**	[a u'ni]
vender (vt)	**a vinde**	[a 'vinde]
ver (vt)	**a vedea**	[a ve'dʲa]
volar (pájaro, avión)	**a zbura**	[a zbu'ra]

LA HORA. EL CALENDARIO

T&P Books Publishing

lunes (m)	luni (f)	['lunʲ]
martes (m)	marţi (f)	['martsʲ]
miércoles (m)	miercuri (f)	['merkurʲ]
jueves (m)	joi (f)	[ʒoj]
viernes (m)	vineri (f)	['vinerʲ]
sábado (m)	sâmbătă (f)	['simbətə]
domingo (m)	duminică (f)	[du'minikə]

hoy (adv)	astăzi	['astəzʲ]
mañana (adv)	mâine	['mijne]
pasado mañana	poimâine	[poj'mine]
ayer (adv)	ieri	[jerʲ]
anteayer (adv)	alaltăieri	[a'laltəerʲ]

día (m)	zi (f)	[zi]
día (m) de trabajo	zi (f) de lucru	[zi de 'lukru]
día (m) de fiesta	zi (f) de sărbătoare	[zi de sərbəto'are]
día (m) de descanso	zi (f) liberă	[zi 'liberə]
fin (m) de semana	zile (f pl) de odihnă	['zile de o'dihnə]

todo el día	toată ziua	[to'atə 'ziwa]
al día siguiente	a doua zi	['dowa zi]
dos días atrás	cu două zile în urmă	[ku 'dowə 'zile in 'urmə]
en vísperas (adv)	în ajun	[in a'ʒun]
diario (adj)	zilnic	['zilnik]
cada día (adv)	în fiecare zi	[in fie'kare zi]

semana (f)	săptămână (f)	[səptə'minə]
semana (f) pasada	săptămâna trecută	[səptə'mina tre'kutə]
semana (f) que viene	săptămâna viitoare	[səptə'mina viito'are]
semanal (adj)	săptămânal	[səptəmi'nal]
cada semana (adv)	în fiecare săptămână	[in fie'kare səptə'minə]
2 veces por semana	de două ori	[de 'dowə orʲ
	pe săptămână	pe səptə'minə]
todos los martes	în fiecare marţi	[in fie'kare 'martsʲ]

mañana (f)	dimineaţă (f)	[dimi'nʲatsə]
por la mañana	dimineaţa	[dimi'nʲatsa]
mediodía (m)	amiază (f)	[a'mjazə]
por la tarde	după masă	['dupə 'masə]

noche (f)	seară (f)	['sʲarə]
por la noche	seara	['sʲara]
noche (f) (p.ej. 2:00 a.m.)	noapte (f)	[no'apte]
por la noche	noaptea	[no'aptʲa]
medianoche (f)	miezul (n) nopții	['mezul 'noptsij]
segundo (m)	secundă (f)	[se'kundə]
minuto (m)	minut (n)	[mi'nut]
hora (f)	oră (f)	['orə]
media hora (f)	jumătate de oră	[ʒumə'tate de 'orə]
cuarto (m) de hora	un sfert de oră	[un sfert de 'orə]
quince minutos	cincisprezece minute	['tʃintʃsprezetʃe mi'nute]
veinticuatro horas	o zi (f)	[o zi]
salida (f) del sol	răsărit (n)	[rəsə'rit]
amanecer (m)	zori (m pl)	[zorʲ]
madrugada (f)	zori (m pl) de zi	[zorʲ de zi]
puesta (f) del sol	apus (n)	[a'pus]
de madrugada	dimineața devreme	[dimi'nʲatsa de'vreme]
esta mañana	azi dimineață	[azʲ dimi'nʲatsə]
mañana por la mañana	mâine dimineață	['mijne dimi'nʲatsə]
esta tarde	această după-amiază	[a'tʃastə 'dupa ami'azə]
por la tarde	după masă	['dupə 'masə]
mañana por la tarde	mâine după-masă	['mijne 'dupə 'masə]
esta noche (p.ej. 8:00 p.m.)	astă-seară	['astə 'sʲarə]
mañana por la noche	mâine seară	['mijne 'sʲarə]
a las tres en punto	la ora trei fix	[la 'ora trej fiks]
a eso de las cuatro	în jur de ora patru	[in ʒur de 'ora 'patru]
para las doce	pe la ora douăsprezece	[pe la 'ora 'dowəsprezetʃe]
dentro de veinte minutos	peste douăzeci de minute	['peste dowə'zetʃi de mi'nute]
dentro de una hora	peste o oră	['peste o 'orə]
a tiempo (adv)	la timp	[la timp]
… menos cuarto	fără un sfert	['fərə un sfert]
durante una hora	în decurs de o oră	[in de'kurs de o 'orə]
cada quince minutos	la fiecare cincisprezece minute	[la fie'kare 'tʃintʃsprezetʃe mi'nute]
día y noche	zi și noapte	[zi ʃi no'apte]

19. Los meses. Las estaciones

enero (m)	ianuarie (m)	[janu'arie]
febrero (m)	februarie (m)	[febru'arie]

marzo (m)	**martie** (m)	['martie]
abril (m)	**aprilie** (m)	[a'prilie]
mayo (m)	**mai** (m)	[maj]
junio (m)	**iunie** (m)	['junie]
julio (m)	**iulie** (m)	['julie]
agosto (m)	**august** (m)	['august]
septiembre (m)	**septembrie** (m)	[sep'tembrie]
octubre (m)	**octombrie** (m)	[ok'tombrie]
noviembre (m)	**noiembrie** (m)	[no'embrie]
diciembre (m)	**decembrie** (m)	[de'ʧembrie]
primavera (f)	**primăvară** (f)	[primə'varə]
en primavera	**primăvara**	[primə'vara]
de primavera (adj)	**de primăvară**	[de primə'varə]
verano (m)	**vară** (f)	['varə]
en verano	**vara**	['vara]
de verano (adj)	**de vară**	[de 'varə]
otoño (m)	**toamnă** (f)	[to'amnə]
en otoño	**toamna**	[to'amna]
de otoño (adj)	**de toamnă**	[de to'amnə]
invierno (m)	**iarnă** (f)	['jarnə]
en invierno	**iarna**	['jarna]
de invierno (adj)	**de iarnă**	[de 'jarnə]
mes (m)	**lună** (f)	['lunə]
este mes	**în luna curentă**	[in 'luna ku'rentə]
al mes siguiente	**în luna următoare**	[in 'luna urməto'are]
el mes pasado	**în luna trecută**	[in 'luna tre'kutə]
hace un mes	**o lună în urmă**	[o 'lunə in 'urmə]
dentro de un mes	**peste o lună**	['peste o 'lunə]
dentro de dos meses	**peste două luni**	['peste 'dowə lunʲ]
todo el mes	**luna întreagă**	['luna in'trʲagə]
todo un mes	**o lună întreagă**	[o 'lunə in'trʲagə]
mensual (adj)	**lunar**	[lu'nar]
mensualmente (adv)	**în fiecare lună**	[in fie'kare 'lunə]
cada mes	**fiecare lună**	[fie'kare 'lunə]
dos veces por mes	**de două ori pe lună**	[de 'dowə orʲ pe 'lunə]
año (m)	**an** (m)	[an]
este año	**anul acesta**	['anul a'ʧesta]
el próximo año	**anul viitor**	['anul vii'tor]
el año pasado	**anul trecut**	['anul tre'kut]
hace un año	**acum un an**	[a'kum un an]
dentro de un año	**peste un an**	['peste un an]
dentro de dos años	**peste doi ani**	['peste doj anʲ]

todo el año	**tot anul**	[tot 'anul]
todo un año	**un an întreg**	[un an in'treg]
cada año	**în fiecare an**	[in fie'kare an]
anual (adj)	**anual**	[anu'al]
anualmente (adv)	**în fiecare an**	[in fie'kare an]
cuatro veces por año	**de patru ori pe an**	[de 'patru orⁱ pe an]
fecha (f) (la ~ de hoy es …)	**dată** (f)	['datə]
fecha (f) (~ de entrega)	**dată** (f)	['datə]
calendario (m)	**calendar** (n)	[kalen'dar]
medio año (m)	**jumătate** (f) **de an**	[ʒumə'tate de an]
seis meses	**jumătate** (f) **de an**	[ʒumə'tate de an]
estación (f)	**sezon** (n)	[se'zon]
siglo (m)	**veac** (n)	[vⁱak]

EL VIAJE. EL HOTEL

T&P Books Publishing

turismo (m)	**turism** (n)	[tu'rism]
turista (m)	**turist** (m)	[tu'rist]
viaje (m)	**călătorie** (f)	[kələto'rie]
aventura (f)	**aventură** (f)	[aven'turə]
viaje (m) (p.ej. ~ en coche)	**voiaj** (n)	[vo'jaʒ]
vacaciones (f pl)	**concediu** (n)	[kon'tʃedju]
estar de vacaciones	**a fi în concediu**	[a fi in kon'tʃedju]
descanso (m)	**odihnă** (f)	[o'dihnə]
tren (m)	**tren** (n)	[tren]
en tren	**cu trenul**	[ku 'trenul]
avión (m)	**avion** (n)	[a'vjon]
en avión	**cu avionul**	[ku a'vjonul]
en coche	**cu automobilul**	[ku automo'bilul]
en barco	**cu vaporul**	[ku va'porul]
equipaje (m)	**bagaj** (n)	[ba'gaʒ]
maleta (f)	**valiză** (f)	[va'lizə]
carrito (m) de equipaje	**cărucior** (n) **pentru bagaj**	[kəru'tʃior 'pentru ba'gaʒ]
pasaporte (m)	**paşaport** (n)	[paʃa'port]
visado (m)	**viză** (f)	['vizə]
billete (m)	**bilet** (n)	[bi'let]
billete (m) de avión	**bilet** (n) **de avion**	[bi'let de a'vjon]
guía (f) (libro)	**ghid** (m)	[gid]
mapa (m)	**hartă** (f)	['hartə]
área (f) (~ rural)	**localitate** (f)	[lokali'tate]
lugar (m)	**loc** (n)	[lok]
exotismo (m)	**exotism** (n)	[egzo'tism]
exótico (adj)	**exotic**	[e'gzotik]
asombroso (adj)	**uimitor**	[ujmi'tor]
grupo (m)	**grup** (n)	[grup]
excursión (f)	**excursie** (f)	[eks'kursie]
guía (m) (persona)	**ghid** (m)	[gid]

hotel (m)	**hotel** (n)	[ho'tel]
motel (m)	**motel** (n)	[mo'tel]

de tres estrellas	**trei stele**	[trej 'stele]
de cinco estrellas	**cinci stele**	[t͡ʃint͡ʃ 'stele]
hospedarse (vr)	**a se opri**	[a se o'pri]

habitación (f)	**cameră** (f)	['kamerə]
habitación (f) individual	**cameră pentru o persoană** (n)	['kamerə 'pentru o perso'anə]
habitación (f) doble	**cameră pentru două persoane** (n)	['kamerə 'pentru 'dowə perso'ane]
reservar una habitación	**a rezerva o cameră**	[a rezer'va o 'kamerə]

| media pensión (f) | **demipensiune** (f) | [demipensi'une] |
| pensión (f) completa | **pensiune** (f) | [pensi'une] |

con baño	**cu baie**	[ku 'bae]
con ducha	**cu duş**	[ku duʃ]
televisión (f) satélite	**televiziune** (f) **prin satelit**	[televizi'une 'prin sate'lit]
climatizador (m)	**aer** (n) **condiţionat**	['aer konditsio'nat]
toalla (f)	**prosop** (n)	[pro'sop]
llave (f)	**cheie** (f)	['kee]

administrador (m)	**administrator** (m)	[adminis'trator]
camarera (f)	**femeie** (f) **de serviciu**	[fe'mee de ser'vit͡ʃiu]
maletero (m)	**hamal** (m)	[ha'mal]
portero (m)	**portar** (m)	[por'tar]

restaurante (m)	**restaurant** (n)	[restau'rant]
bar (m)	**bar** (n)	[bar]
desayuno (m)	**micul dejun** (n)	['mikul de'ʒun]
cena (f)	**cină** (f)	['t͡ʃinə]
buffet (m) libre	**masă suedeză** (f)	['masə sue'dezə]

| vestíbulo (m) | **vestibul** (n) | [vesti'bul] |
| ascensor (m) | **lift** (n) | [lift] |

| NO MOLESTAR | **NU DERANJAŢI!** | [nu deran'ʒat͡s] |
| PROHIBIDO FUMAR | **NU FUMAŢI!** | [nu fu'mat͡s] |

22. El turismo. La excursión

monumento (m)	**monument** (n)	[monu'ment]
fortaleza (f)	**cetate** (f)	[t͡ʃe'tate]
palacio (m)	**palat** (n)	[pa'lat]
castillo (m)	**castel** (n)	[kas'tel]
torre (f)	**turn** (n)	[turn]
mausoleo (m)	**mausoleu** (n)	[mawzo'leu]

arquitectura (f)	**arhitectură** (f)	[arhitek'turə]
medieval (adj)	**medieval**	[medie'val]
antiguo (adj)	**vechi**	[vekʲ]

nacional (adj)	**naţional**	[natsio'nal]
conocido (adj)	**cunoscut**	[kunos'kut]
turista (m)	**turist** (m)	[tu'rist]
guía (m) (persona)	**ghid** (m)	[gid]
excursión (f)	**excursie** (f)	[eks'kursie]
mostrar (vt)	**a arăta**	[a arə'ta]
contar (una historia)	**a povesti**	[a poves'ti]
encontrar (hallar)	**a găsi**	[a gə'si]
perderse (vr)	**a se pierde**	[a se 'pjerde]
plano (m) (~ de metro)	**schemă** (f)	['skemə]
mapa (m) (~ de la ciudad)	**plan** (m)	[plan]
recuerdo (m)	**suvenir** (n)	[suve'nir]
tienda (f) de regalos	**magazin** (n) **de suveniruri**	[maga'zin de suve'nirur]
hacer fotos	**a fotografia**	[a fotografi'ja]
fotografiarse (vr)	**a se fotografia**	[a se fotografi'ja]

EL TRANSPORTE

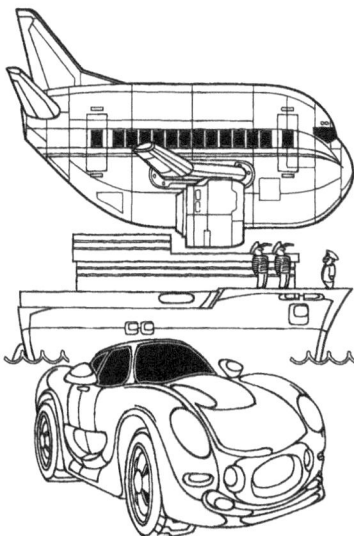

T&P Books Publishing

23. El aeropuerto

aeropuerto (m)	aeroport (n)	[aero'port]
avión (m)	avion (n)	[a'vjon]
compañía (f) aérea	companie (f) aeriană	[kompa'nie aeri'anə]
controlador (m) aéreo	dispecer (n)	[dis'petʃer]
despegue (m)	decolare (f)	[deko'lare]
llegada (f)	aterizare (f)	[ateri'zare]
llegar (en avión)	a ateriza	[a ateri'za]
hora (f) de salida	ora (f) decolării	['ora dekolərij]
hora (f) de llegada	ora (f) aterizării	['ora aterizərij]
retrasarse (vr)	a întârzia	[a intir'zija]
retraso (m) de vuelo	întârzierea (f) zborului	[intirzjerʲa 'zboruluj]
pantalla (f) de información	panou (n)	[pa'nou]
información (f)	informaţie (f)	[infor'matsie]
anunciar (vt)	a anunţa	[a anun'tsa]
vuelo (m)	cursă (f)	['kursə]
aduana (f)	vamă (f)	['vamə]
aduanero (m)	vameş (m)	['vameʃ]
declaración (f) de aduana	declaraţie (f)	[dekla'ratsie]
rellenar (vt)	a completa	[a komple'ta]
rellenar la declaración	a completa declaraţia	[a komple'ta dekla'ratsija]
control (m) de pasaportes	controlul (n) paşapoartelor	[kon'trolul paʃapo'artelor]
equipaje (m)	bagaj (n)	[ba'gaʒ]
equipaje (m) de mano	bagaj (n) de mână	[ba'gaʒ de 'minə]
carrito (m) de equipaje	cărucior (n) pentru bagaj	[kəru'tʃior 'pentru ba'gaʒ]
aterrizaje (m)	aterizare (f)	[ateri'zare]
pista (f) de aterrizaje	pistă (f) de aterizare	['pistə de ateri'zare]
aterrizar (vi)	a ateriza	[a ateri'za]
escaleras (f pl) (de avión)	scară (f)	['skarə]
facturación (f) (check-in)	înregistrare (f)	[inredʒis'trare]
mostrador (m) de facturación	birou (n) de înregistrare	[bi'rou de inredʒis'trare]
hacer el check-in	a se înregistra	[a se inredʒis'tra]
tarjeta (f) de embarque	număr (n) de bord	['numər de bord]
puerta (f) de embarque	debarcare (f)	[debar'kare]

tránsito (m)	**tranzit** (n)	['tranzit]
esperar (aguardar)	**a aştepta**	[a aʃtep'ta]
zona (f) de preembarque	**sală** (f) **de aşteptare**	['salə de aʃtep'tare]
despedir (vt)	**a conduce**	[a kon'dutʃe]
despedirse (vr)	**a-şi lua rămas bun**	[aʃ lu'a rə'mas bun]

24. El avión

avión (m)	**avion** (n)	[a'vjon]
billete (m) de avión	**bilet** (n) **de avion**	[bi'let de a'vjon]
compañía (f) aérea	**companie** (f) **aeriană**	[kompa'nie aeri'anə]
aeropuerto (m)	**aeroport** (n)	[aero'port]
supersónico (adj)	**supersonic**	[super'sonik]

comandante (m)	**comandant** (m) **de navă**	[koman'dant de 'navə]
tripulación (f)	**echipaj** (n)	[eki'paʒ]
piloto (m)	**pilot** (m)	[pi'lot]
azafata (f)	**stewardesă** (f)	[stjuar'desə]
navegador (m)	**navigator** (m)	[naviga'tor]

alas (f pl)	**aripi** (f pl)	[a'ripʲ]
cola (f)	**coadă** (f)	[ko'adə]
cabina (f)	**cabină** (f)	[ka'binə]
motor (m)	**motor** (n)	[mo'tor]
tren (m) de aterrizaje	**tren** (n) **de aterizare**	[tren de ateri'zare]
turbina (f)	**turbină** (f)	[tur'binə]

hélice (f)	**elice** (f)	[e'litʃe]
caja (f) negra	**cutie** (f) **neagră**	[ku'tie 'nʲagrə]
timón (m)	**manşă** (f)	['manʃə]
combustible (m)	**combustibil** (m)	[kombus'tibil]

instructivo (m) de seguridad	**instrucţiune** (f)	[instruktsi'une]
respirador (m) de oxígeno	**mască** (f) **cu oxigen**	['maskə 'ku oksi'dʒen]
uniforme (m)	**uniformă** (f)	[uni'formə]
chaleco (m) salvavidas	**vestă** (f) **de salvare**	['vestə de sal'vare]
paracaídas (m)	**paraşută** (f)	[para'ʃutə]

despegue (m)	**decolare** (f)	[deko'lare]
despegar (vi)	**a decola**	[a deko'la]
pista (f) de despegue	**pistă** (f) **de decolare**	['pistə de deko'lare]

visibilidad (f)	**vizibilitate** (f)	[vizibili'tate]
vuelo (m)	**zbor** (n)	[zbor]
altura (f)	**înălţime** (f)	[inəl'tsime]
pozo (m) de aire	**gol de aer** (n)	[gol de 'aer]

asiento (m)	**loc** (n)	[lok]
auriculares (m pl)	**căşti** (f pl)	[kəʃtʲ]
mesita (f) plegable	**măsuţă** (f) **rabatabilă**	[mə'sutsə raba'tabilə]

| ventana (f) | **hublou** (n) | [hu'blou] |
| pasillo (m) | **trecere** (f) | ['tretʃere] |

25. El tren

tren (m)	**tren** (n)	[tren]
tren (m) de cercanías	**tren** (n) **electric**	['tren e'lektrik]
tren (m) rápido	**tren** (n) **accelerat**	['tren aktʃele'rat]
locomotora (f) diésel	**locomotivă** (f) **cu motor diesel**	[lokomo'tivə ku mo'tor 'dizel]
tren (m) de vapor	**locomotivă** (f)	[lokomo'tivə]

| coche (m) | **vagon** (n) | [va'gon] |
| coche (m) restaurante | **vagon-restaurant** (n) | [va'gon restau'rant] |

rieles (m pl)	**şine** (f pl)	['ʃine]
ferrocarril (m)	**cale** (f) **ferată**	['kale fe'ratə]
traviesa (f)	**traversă** (f)	[tra'versə]

plataforma (f)	**peron** (n)	[pe'ron]
vía (f)	**linie** (f)	['linie]
semáforo (m)	**semafor** (n)	[sema'for]
estación (f)	**staţie** (f)	['statsie]

maquinista (m)	**maşinist** (m)	[maʃi'nist]
maletero (m)	**hamal** (m)	[ha'mal]
mozo (m) del vagón	**însoţitor** (m)	[insotsi'tor]
pasajero (m)	**pasager** (m)	[pasa'dʒer]
revisor (m)	**controlor** (m)	[kontro'lor]

| corredor (m) | **coridor** (n) | [kori'dor] |
| freno (m) de urgencia | **semnal** (n) **de alarmă** | [sem'nal de a'larmə] |

compartimiento (m)	**compartiment** (n)	[komparti'ment]
litera (f)	**cuşetă** (f)	[ku'ʃetə]
litera (f) de arriba	**patul** (n) **de sus**	['patul de sus]
litera (f) de abajo	**patul** (n) **de jos**	['patul de ʒos]
ropa (f) de cama	**lenjerie** (f) **de pat**	[lenʒe'rie de pat]

billete (m)	**bilet** (n)	[bi'let]
horario (m)	**orar** (n)	[o'rar]
pantalla (f) de información	**panou** (n)	[pa'nou]

partir (vi)	**a pleca**	[a ple'ka]
partida (f) (del tren)	**plecare** (f)	[ple'kare]
llegar (tren)	**a sosi**	[a so'si]
llegada (f)	**sosire** (f)	[so'sire]

| llegar en tren | **a veni cu trenul** | [a ve'ni ku 'trenul] |
| tomar el tren | **a se aşeza în tren** | [a se aʃe'za in tren] |

bajar del tren	**a coborî din tren**	[a kobo'ri din tren]
descarrilamiento (m)	**accident** (n) **de tren**	[aktʃi'dent de tren]
tren (m) de vapor	**locomotivă** (f)	[lokomo'tivə]
fogonero (m)	**fochist** (m)	[fo'kist]
hogar (m)	**focar** (n)	[fo'kar]
carbón (m)	**cărbune** (m)	[kər'bune]

26. El barco

barco, buque (m)	**corabie** (f)	[ko'rabie]
navío (m)	**navă** (f)	['navə]
buque (m) de vapor	**vapor** (n)	[va'por]
motonave (f)	**motonavă** (f)	[moto'navə]
trasatlántico (m)	**vas** (n) **de croazieră**	[vas de kroa'zjerə]
crucero (m)	**crucişător** (n)	[krutʃiʃə'tor]
yate (m)	**iaht** (n)	[jaht]
remolcador (m)	**remorcher** (n)	[remor'ker]
barcaza (f)	**şlep** (n)	[ʃlep]
ferry (m)	**bac** (n)	[bak]
velero (m)	**velier** (n)	[ve'ljer]
bergantín (m)	**brigantină** (f)	[brigan'tinə]
rompehielos (m)	**spărgător** (n) **de gheaţă**	[spərgə'tor de 'gʲatsə]
submarino (m)	**submarin** (n)	[subma'rin]
bote (m) de remo	**barcă** (f)	['barkə]
bote (m)	**şalupă** (f)	[ʃa'lupə]
bote (m) salvavidas	**şalupă** (f) **de salvare**	[ʃa'lupə de sal'vare]
lancha (f) motora	**cuter** (n)	['kuter]
capitán (m)	**căpitan** (m)	[kəpi'tan]
marinero (m)	**marinar** (m)	[mari'nar]
marino (m)	**marinar** (m)	[mari'nar]
tripulación (f)	**echipaj** (n)	[eki'paʒ]
contramaestre (m)	**şef** (m) **de echipaj**	[ʃef de eki'paʒ]
grumete (m)	**mus** (m)	[mus]
cocinero (m) de abordo	**bucătar** (m)	[bukə'tar]
médico (m) del buque	**medic** (m) **pe navă**	['medik pe 'navə]
cubierta (f)	**teugă** (f)	[te'ugə]
mástil (m)	**catarg** (n)	[ka'targ]
vela (f)	**velă** (f)	['velə]
bodega (f)	**cală** (f)	['kalə]
proa (f)	**proră** (f)	['prorə]
popa (f)	**pupă** (f)	['pupə]

remo (m)	**vâslă** (f)	['vislə]
hélice (f)	**elice** (f)	[e'litʃe]
camarote (m)	**cabină** (f)	[ka'binə]
sala (f) de oficiales	**salonul** (n) **ofiţerilor**	[sa'lonul ofi'tserilor]
sala (f) de máquinas	**sala** (f) **maşinilor**	['sala ma'ʃinilor]
puente (m) de mando	**punte** (f) **de comandă**	['punte de ko'mandə]
sala (f) de radio	**staţie** (f) **de radio**	['statsie de 'radio]
onda (f)	**undă** (f)	['undə]
cuaderno (m) de bitácora	**jurnal** (n) **de bord**	[ʒur'nal de bord]
anteojo (m)	**lunetă** (f)	[lu'netə]
campana (f)	**clopot** (n)	['klopot]
bandera (f)	**steag** (n)	['st'ag]
cabo (m) (maroma)	**parâmă** (f)	[pa'rimə]
nudo (m)	**nod** (n)	[nod]
pasamano (m)	**bară** (f)	['barə]
pasarela (f)	**pasarelă** (f)	[pasa'relə]
ancla (f)	**ancoră** (f)	['ankorə]
levar ancla	**a ridica ancora**	[a ridi'ka 'ankora]
echar ancla	**a ancora**	[a anko'ra]
cadena (f) del ancla	**lanţ** (n) **de ancoră**	[lants de 'ankorə]
puerto (m)	**port** (n)	[port]
embarcadero (m)	**acostare** (f)	[akos'tare]
amarrar (vt)	**a acosta**	[a akos'ta]
desamarrar (vt)	**a demara**	[a dema'ra]
viaje (m)	**călătorie** (f)	[kələto'rie]
crucero (m) (viaje)	**croazieră** (f)	[kroa'zjerə]
derrota (f) (rumbo)	**direcţie** (f)	[di'rektsie]
itinerario (m)	**rută** (f)	['rutə]
canal (m) navegable	**cale** (f) **navigabilă**	['kale navi'gabilə]
bajío (m)	**banc** (n) **de nisip**	[bank de ni'sip]
encallar (vi)	**a se împotmoli**	[a se impotmo'li]
tempestad (f)	**furtună** (f)	[fur'tunə]
señal (f)	**semnal** (n)	[sem'nal]
hundirse (vr)	**a se scufunda**	[a se skufun'da]
SOS	**SOS**	[sos]
aro (m) salvavidas	**colac** (m) **de salvare**	[ko'lak de sal'vare]

LA CIUDAD

T&P Books Publishing

27. El transporte urbano

autobús (m)	**autobuz** (n)	[auto'buz]
tranvía (m)	**tramvai** (n)	[tram'vaj]
trolebús (m)	**troleibuz** (n)	[trolej'buz]
itinerario (m)	**rută** (f)	['rutə]
número (m)	**număr** (n)	['numər]
ir en ...	**a merge cu ...**	[a 'merdʒe ku]
tomar (~ el autobús)	**a se urca**	[a se ur'ka]
bajar (~ del tren)	**a coborî**	[a kobo'ri]
parada (f)	**stație** (f)	['statsie]
próxima parada (f)	**stația** (f) **următoare**	['statsija urməto'are]
parada (f) final	**ultima stație** (f)	['ultima 'statsie]
horario (m)	**orar** (n)	[o'rar]
esperar (aguardar)	**a aştepta**	[a aʃtep'ta]
billete (m)	**bilet** (n)	[bi'let]
precio (m) del billete	**costul** (n) **biletului**	['kostul bi'letuluj]
cajero (m)	**casier** (m)	[ka'sjer]
control (m) de billetes	**control** (n)	[kon'trol]
revisor (m)	**controlor** (m)	[kontro'lor]
llegar tarde (vi)	**a întârzia**	[a intir'zija]
perder (~ el tren)	**a pierde ...**	[a 'pjerdə]
tener prisa	**a se grăbi**	[a se grə'bi]
taxi (m)	**taxi** (n)	[ta'ksi]
taxista (m)	**taximetrist** (m)	[taksime'trist]
en taxi	**cu taxiul**	[ku ta'ksjul]
parada (f) de taxi	**stație** (f) **de taxiuri**	['statsie de ta'ksjurʲ]
llamar un taxi	**a chema un taxi**	[a ke'ma un ta'ksi]
tomar un taxi	**a lua un taxi**	[a lu'a un ta'ksi]
tráfico (m)	**circulație** (f) **pe stradă**	[tʃirku'latsie pe 'stradə]
atasco (m)	**ambuteiaj** (n)	[ambute'jaʒ]
horas (f pl) de punta	**oră** (f) **de vârf**	[orə de virf]
aparcar (vi)	**a se parca**	[a se par'ka]
aparcar (vt)	**a parca**	[a par'ka]
aparcamiento (m)	**parcare** (f)	[par'kare]
metro (m)	**metrou** (n)	[me'trou]
estación (f)	**stație** (f)	['statsie]
ir en el metro	**a merge cu metroul**	[a 'merdʒe ku me'troul]

| tren (m) | **tren** (n) | [tren] |
| estación (f) | **gară** (f) | ['garə] |

28. La ciudad. La vida en la ciudad

ciudad (f)	**oraş** (n)	[o'raʃ]
capital (f)	**capitală** (f)	[kapi'talə]
aldea (f)	**sat** (n)	[sat]

plano (m) de la ciudad	**planul** (n) **oraşului**	['planul o'raʃuluj]
centro (m) de la ciudad	**centrul** (n) **oraşului**	['tʃentrul o'raʃuluj]
suburbio (m)	**suburbie** (f)	[subur'bie]
suburbano (adj)	**din suburbie**	[din subur'bie]

arrabal (m)	**margine** (f)	['mardʒine]
afueras (f pl)	**împrejurimi** (f pl)	[impreʒu'rimʲ]
barrio (m)	**cartier** (n)	[kar'tjer]
zona (f) de viviendas	**cartier** (n) **locativ**	[ka'rtjer loka'tiv]

tráfico (m)	**circulaţie** (f)	[tʃirku'latsie]
semáforo (m)	**semafor** (n)	[sema'for]
transporte (m) urbano	**transport** (n) **urban**	[trans'port ur'ban]
cruce (m)	**intersecţie** (f)	[inter'sektsie]

paso (m) de peatones	**trecere** (f)	['tretʃere]
paso (m) subterráneo	**trecere** (f) **subterană**	['tretʃere subte'ranə]
cruzar (vt)	**a traversa**	[a traver'sa]
peatón (m)	**pieton** (m)	[pie'ton]
acera (f)	**trotuar** (n)	[trotu'ar]

puente (m)	**pod** (n)	[pod]
muelle (m)	**faleză** (f)	[fa'lezə]
fuente (f)	**havuz** (n)	[ha'vuz]

alameda (f)	**alee** (f)	[a'lee]
parque (m)	**parc** (n)	[park]
bulevar (m)	**bulevard** (n)	[bule'vard]
plaza (f)	**piaţă** (f)	['pjatsə]
avenida (f)	**prospect** (n)	[pros'pekt]
calle (f)	**stradă** (f)	['stradə]
callejón (m)	**stradelă** (f)	[stra'delə]
callejón (m) sin salida	**fundătură** (f)	[fundə'turə]

casa (f)	**casă** (f)	['kasə]
edificio (m)	**clădire** (f)	[klə'dire]
rascacielos (m)	**zgârie-nori** (m)	['zgirie norʲ]

fachada (f)	**faţadă** (f)	[fa'tsadə]
techo (m)	**acoperiş** (n)	[akope'riʃ]
ventana (f)	**fereastră** (f)	[fe'rʲastrə]

arco (m)	**arc** (n)	[ark]
columna (f)	**coloană** (f)	[kolo'anə]
esquina (f)	**colţ** (n)	[kolts]

escaparate (f)	**vitrină** (f)	[vi'trinə]
letrero (m) (~ luminoso)	**firmă** (f)	['firmə]
cartel (m)	**afiş** (n)	[a'fiʃ]
cartel (m) publicitario	**afişaj** (n)	[afi'ʃaʒ]
valla (f) publicitaria	**panou** (n) **publicitar**	[pa'nu publitʃi'tar]

basura (f)	**gunoi** (n)	[gu'noj]
cajón (m) de basura	**coş** (n) **de gunoi**	[koʃ de gu'noj]
tirar basura	**a face murdărie**	[a 'fatʃe murdə'rie]
basurero (m)	**groapă** (f) **de gunoi**	[gro'apə de gu'noj]

cabina (f) telefónica	**cabină** (f) **telefonică**	[ka'binə tele'fonikə]
farola (f)	**stâlp** (m) **de felinar**	[stîlp de feli'nar]
banco (m) (del parque)	**bancă** (f)	['bankə]

policía (m)	**poliţist** (m)	[poli'tsist]
policía (f) (~ nacional)	**poliţie** (f)	[po'litsie]
mendigo (m)	**cerşetor** (m)	[tʃerʃə'tor]
persona (f) sin hogar	**vagabond** (m)	[vaga'bond]

29. Las instituciones urbanas

tienda (f)	**magazin** (n)	[maga'zin]
farmacia (f)	**farmacie** (f)	[farma'tʃie]
óptica (f)	**optică** (f)	['optikə]
centro (m) comercial	**centru** (n) **comercial**	['tʃentru komertʃi'al]
supermercado (m)	**supermarket** (n)	[super'market]

panadería (f)	**brutărie** (f)	[brutə'rie]
panadero (m)	**brutar** (m)	[bru'tar]
pastelería (f)	**cofetărie** (f)	[kofetə'rie]
tienda (f) de comestibles	**băcănie** (f)	[bəkə'nie]
carnicería (f)	**hală** (f) **de carne**	['halə de 'karne]

verdulería (f)	**magazin** (m) **de legume**	[maga'zin de le'gume]
mercado (m)	**piaţă** (f)	['pjatsə]

cafetería (f)	**cafenea** (f)	[kafe'nʲa]
restaurante (m)	**restaurant** (n)	[restau'rant]
cervecería (f)	**berărie** (f)	[berə'rie]
pizzería (f)	**pizzerie** (f)	[pitse'rie]

peluquería (f)	**frizerie** (f)	[frize'rie]
oficina (f) de correos	**poştă** (f)	['poʃtə]
tintorería (f)	**curăţătorie** (f) **chimică**	[kurətsəto'rie 'kimikə]
estudio (m) fotográfico	**atelier** (n) **foto**	[ate'lʲer 'foto]

zapatería (f)	magazin (n) de încălțăminte	[maga'zin de inkəltsə'minte]
librería (f)	librărie (f)	[librə'rie]
tienda (f) deportiva	magazin (n) sportiv	[maga'zin spor'tiv]
arreglos (m pl) de ropa	croitorie (f)	[kroito'rie]
alquiler (m) de ropa	închiriere (f) de haine	[inki'rjere de 'hajne]
videoclub (m)	închiriere (f) de filme	[inki'rjere de 'filme]
circo (m)	circ (n)	[tʃirk]
zoológico (m)	grădină (f) zoologică	[grə'dinə zoo'lodʒikə]
cine (m)	cinematograf (n)	[tʃinemato'graf]
museo (m)	muzeu (n)	[mu'zeu]
biblioteca (f)	bibliotecă (f)	[biblio'tekə]
teatro (m)	teatru (n)	[te'atru]
ópera (f)	operă (f)	['operə]
club (m) nocturno	club (n) de noapte	['klub de no'apte]
casino (m)	cazinou (n)	[kazi'nou]
mezquita (f)	moschee (f)	[mos'kee]
sinagoga (f)	sinagogă (f)	[sina'gogə]
catedral (f)	catedrală (f)	[kate'dralə]
templo (m)	templu (n)	['templu]
iglesia (f)	biserică (f)	[bi'serikə]
instituto (m)	institut (n)	[insti'tut]
universidad (f)	universitate (f)	[universi'tate]
escuela (f)	şcoală (f)	[ʃko'alə]
prefectura (f)	prefectură (f)	[prefek'turə]
alcaldía (f)	primărie (f)	[primə'rie]
hotel (m)	hotel (n)	[ho'tel]
banco (m)	bancă (f)	['bankə]
embajada (f)	ambasadă (f)	[amba'sadə]
agencia (f) de viajes	agenţie (f) de turism	[adʒen'tsie de tu'rism]
oficina (f) de información	birou (n) de informaţii	[bi'rou de infor'matsij]
oficina (f) de cambio	schimb (n) valutar	[skimb valu'tar]
metro (m)	metrou (n)	[me'trou]
hospital (m)	spital (n)	[spi'tal]
gasolinera (f)	benzinărie (f)	[benzinə'rie]
aparcamiento (m)	parcare (f)	[par'kare]

30. Los avisos

letrero (m) (~ luminoso)	firmă (f)	['firmə]
cartel (m) (texto escrito)	inscripţie (f)	[in'skriptsie]

pancarta (f)	afiş (n)	[a'fiʃ]
señal (m) de dirección	semn (n)	[semn]
flecha (f) (signo)	indicator (n)	[indika'tor]

advertencia (f)	avertisment (n)	[avertis'ment]
aviso (m)	avertisment (n)	[avertis'ment]
advertir (vt)	a avertiza	[a averti'za]

día (m) de descanso	zi (f) de odihnă	[zi de o'dihnə]
horario (m)	orar (n)	[o'rar]
horario (m) de apertura	ore (f pl) de lucru	['ore de 'lukru]

¡BIENVENIDOS!	BINE AŢI VENIT!	['bine 'atsʲ ve'nit]
ENTRADA	INTRARE	[in'trare]
SALIDA	IEŞIRE	[je'ʃire]

EMPUJAR	ÎMPINGE	[im'pindʒe]
TIRAR	TRAGE	['tradʒe]
ABIERTO	DESCHIS	[des'kis]
CERRADO	ÎNCHIS	[in'kis]

| MUJERES | PENTRU FEMEI | ['pentru fe'mej] |
| HOMBRES | PENTRU BĂRBAŢI | ['pentru bər'batsʲ] |

REBAJAS	REDUCERI	[re'dutʃerʲ]
SALDOS	LICHIDARE DE STOC	[liki'dare de stok]
NOVEDAD	NOU	['nou]
GRATIS	GRATUIT	[gratu'it]

¡ATENCIÓN!	ATENŢIE!	[a'tentsie]
COMPLETO	NU SUNT LOCURI	[nu 'sunt 'lokurʲ]
RESERVADO	REZERVAT	[rezer'vat]

ADMINISTRACIÓN	ADMINISTRAŢIE	[adminis'tratsie]
SÓLO PERSONAL	NUMAI PENTRU	['numaj 'pentru
AUTORIZADO	ANGAJAŢI	anga'ʒatsʲ]

CUIDADO	CÂINE RĂU	['kine 'rəu]
CON EL PERRO		
PROHIBIDO FUMAR	NU FUMAŢI!	[nu fu'matsʲ]
NO TOCAR	NU ATINGEŢI!	[nu a'tindʒetsʲ]

PELIGROSO	PERICULOS	[periku'los]
PELIGRO	PERICOL	[pe'rikol]
ALTA TENSIÓN	TENSIUNE ÎNALTĂ	[tensi'une i'naltə]
PROHIBIDO BAÑARSE	SCĂLDATUL INTERZIS!	[skəl'datul inter'zis]
NO FUNCIONA	NU FUNCŢIONEAZĂ	[nu funktsio'nʲazə]

INFLAMABLE	INFLAMABIL	[infla'mabil]
PROHIBIDO	INTERZIS	[inter'zis]
PROHIBIDO EL PASO	TRECEREA INTERZISĂ	['tretʃerʲa inter'zisə]
RECIÉN PINTADO	PROASPĂT VOPSIT	[pro'aspət vop'sit]

31. Las compras

comprar (vt)	a cumpăra	[a kumpə'ra]
compra (f)	cumpărătură (f)	[kumpərə'turə]
hacer compras	a face cumpărături	[a 'fatʃe kumpərə'turʲ]
compras (f pl)	shopping (n)	['ʃoping]

| estar abierto (tienda) | a fi deschis | [a fi des'kis] |
| estar cerrado | a se închide | [a se in'kide] |

calzado (m)	încălțăminte (f)	[inkəltsə'minte]
ropa (f)	haine (f pl)	['hajne]
cosméticos (m pl)	cosmetică (f)	[kos'metikə]
productos alimenticios	produse (n pl)	[pro'duse]
regalo (m)	cadou (n)	[ka'dou]

| vendedor (m) | vânzător (m) | [vinzə'tor] |
| vendedora (f) | vânzătoare (f) | [vinzəto'are] |

caja (f)	casă (f)	['kasə]
espejo (m)	oglindă (f)	[og'lində]
mostrador (m)	tejghea (f)	[teʒ'gʲa]
probador (m)	cabină (f) de probă	[ka'binə de 'probə]

probar (un vestido)	a proba	[a pro'ba]
quedar (una ropa, etc.)	a veni	[a ve'ni]
gustar (vi)	a plăcea	[a plə'tʃa]

precio (m)	preț (n)	[prets]
etiqueta (f) de precio	indicator (n) de prețuri	[indika'tor de 'pretsurʲ]
costar (vt)	a costa	[a kos'ta]
¿Cuánto?	Cât?	[kit]
descuento (m)	reducere (f)	[re'dutʃere]

no costoso (adj)	ieftin	['jeftin]
barato (adj)	ieftin	['jeftin]
caro (adj)	scump	[skump]
Es caro	E scump	[e skump]

alquiler (m)	închiriere (f)	[inkiri'ere]
alquilar (vt)	a lua în chirie	[a lu'a in ki'rie]
crédito (m)	credit (n)	['kredit]
a crédito (adv)	în credit	[in 'kredit]

T&P BOOKS

LA ROPA Y
LOS ACCESORIOS

T&P Books Publishing

32. La ropa exterior. Los abrigos

ropa (f)	îmbrăcăminte (f)	[imbrəkə'minte]
ropa (f) de calle	haină (f)	['hajnə]
ropa (f) de invierno	îmbrăcăminte (f) de iarnă	[imbrəkə'minte de 'jarnə]
abrigo (m)	palton (n)	[pal'ton]
abrigo (m) de piel	şubă (f)	['ʃubə]
abrigo (m) corto de piel	scurtă (f) îmblănită	['skurtə imblə'nitə]
chaqueta (f) plumón	scurtă (f) de puf	['skurtə de 'puf]
cazadora (f)	scurtă (f)	['skurtə]
impermeable (m)	trenci (f)	[trentʃi]
impermeable (adj)	impermeabil (n)	[imperme'abil]

33. Ropa de hombre y mujer

camisa (f)	cămaşă (f)	[kə'maʃə]
pantalones (m pl)	pantaloni (m pl)	[panta'lonʲ]
jeans, vaqueros (m pl)	blugi (m pl)	[bludʒʲ]
chaqueta (f), saco (m)	sacou (n)	[sa'kou]
traje (m)	costum (n)	[kos'tum]
vestido (m)	rochie (f)	['rokie]
falda (f)	fustă (f)	['fustə]
blusa (f)	bluză (f)	['bluzə]
rebeca (f), chaqueta (f) de punto	jachetă (f) tricotată	[ʒa'ketə triko'tatə]
chaqueta (f)	jachetă (f)	[ʒa'ketə]
camiseta (f) (T-shirt)	tricou (n)	[tri'kou]
pantalones (m pl) cortos	şorturi (n pl)	['ʃorturʲ]
traje (m) deportivo	costum (n) sportiv	[kos'tum spor'tiv]
bata (f) de baño	halat (n)	[ha'lat]
pijama (m)	pijama (f)	[piʒa'ma]
suéter (m)	sveter (n)	['sveter]
pulóver (m)	pulover (n)	[pu'lover]
chaleco (m)	vestă (f)	['vestə]
frac (m)	frac (n)	[frak]
esmoquin (m)	smoching (n)	['smoking]
uniforme (m)	uniformă (f)	[uni'formə]
ropa (f) de trabajo	haină (f) de lucru	['hajnə de 'lukru]

mono (m)	**salopetă** (f)	[salo'petə]
bata (f) (p. ej. ~ blanca)	**halat** (n)	[ha'lat]

34. La ropa. La ropa interior

ropa (f) interior	**lenjerie** (f) **de corp**	[len3e'rie de 'korp]
camiseta (f) interior	**maiou** (n)	[ma'jou]
calcetines (m pl)	**şosete** (f pl)	[ʃo'sete]
camisón (m)	**cămaşă** (f) **de noapte**	[kə'maʃə de no'apte]
sostén (m)	**sutien** (n)	[su'tjen]
calcetines (m pl) altos	**ciorapi** (m pl)	[ʧio'rapʲ]
pantimedias (f pl)	**ciorapi pantalon** (m pl)	[ʧio'rapʲ panta'lon]
medias (f pl)	**ciorapi** (m pl)	[ʧio'rapʲ]
traje (m) de baño	**costum** (n) **de baie**	[kos'tum de 'bae]

35. Gorras

gorro (m)	**căciulă** (f)	[kə'ʧiulə]
sombrero (m) de fieltro	**pălărie** (f)	[pələ'rie]
gorra (f) de béisbol	**şapcă** (f)	['ʃapkə]
gorra (f) plana	**chipiu** (n)	[ki'pju]
boina (f)	**beretă** (f)	[be'retə]
capuchón (m)	**glugă** (f)	['glugə]
panamá (m)	**panama** (f)	[pana'ma]
gorro (m) de punto	**căciulă** (f) **împletită**	[kə'ʧiulə imple'titə]
pañuelo (m)	**basma** (f)	[bas'ma]
sombrero (m) de mujer	**pălărie** (f) **de damă**	[pələ'rie de 'damə]
casco (m) (~ protector)	**cască** (f)	['kaskə]
gorro (m) de campaña	**bonetă** (f)	[bo'netə]
casco (m) (~ de moto)	**coif** (n)	[kojf]
bombín (m)	**pălărie** (f)	[pələ'rie]
sombrero (m) de copa	**joben** (n)	[ʒo'ben]

36. El calzado

calzado (m)	**încălţăminte** (f)	[inkəltsə'minte]
botas (f pl)	**ghete** (f pl)	['gete]
zapatos (m pl) (~ de tacón bajo)	**pantofi** (m pl)	[pan'tofʲ]
botas (f pl) altas	**cizme** (f pl)	['ʧizme]
zapatillas (f pl)	**şlapi** (m pl)	[ʃlapʲ]

tenis (m pl)	adidaşi (m pl)	[a'didaʃ]
zapatillas (f pl) de lona	tenişi (m pl)	['teniʃ]
sandalias (f pl)	sandale (f pl)	[san'dale]

zapatero (m)	cizmar (m)	[ʧiz'mar]
tacón (m)	toc (n)	[tok]
par (m)	pereche (f)	[pe'reke]

cordón (m)	şiret (n)	[ʃi'ret]
encordonar (vt)	a şnurui	[a ʃnuru'i]
calzador (m)	lingură (f) pentru pantofi	['lingurə 'pentru pan'tofʲ]
betún (m)	cremă (f) de ghete	['kremə de 'gete]

37. Accesorios personales

guantes (m pl)	mănuşi (f pl)	[mə'nuʃ]
manoplas (f pl)	mănuşi (f pl) cu un singur deget	[mə'nuʃ ku un 'singur 'dedʒet]
bufanda (f)	fular (m)	[fu'lar]

gafas (f pl)	ochelari (m pl)	[oke'larʲ]
montura (f)	ramă (f)	['ramə]
paraguas (m)	umbrelă (f)	[um'brelə]
bastón (m)	baston (n)	[bas'ton]
cepillo (m) de pelo	perie (f) de păr	[pe'rie de pər]
abanico (m)	evantai (n)	[evan'taj]

corbata (f)	cravată (f)	[kra'vatə]
pajarita (f)	papion (n)	[papi'on]
tirantes (m pl)	bretele (f pl)	[bre'tele]
moquero (m)	batistă (f)	[ba'tistə]

peine (m)	pieptene (m)	['pjeptəne]
pasador (m) de pelo	agrafă (f)	[a'grafə]
horquilla (f)	ac (n) de păr	[ak de pər]
hebilla (f)	cataramă (f)	[kata'ramə]

| cinturón (m) | cordon (n) | [kor'don] |
| correa (f) (de bolso) | curea (f) | [ku'rʲa] |

bolsa (f)	geantă (f)	['dʒantə]
bolso (m)	poşetă (f)	[po'ʃetə]
mochila (f)	rucsac (n)	[ruk'sak]

38. La ropa. Miscelánea

| moda (f) | modă (f) | ['modə] |
| de moda (adj) | la modă | [la 'modə] |

diseñador (m) de moda	modelier (n)	[mode'ljer]
cuello (m)	guler (n)	['guler]
bolsillo (m)	buzunar (n)	[buzu'nar]
de bolsillo (adj)	de buzunar	[de buzu'nar]
manga (f)	mânecă (f)	['mineke]
presilla (f)	gaică (f)	['gajke]
bragueta (f)	şliţ (n)	[ʃlits]
cremallera (f)	fermoar (n)	[fermo'ar]
cierre (m)	capsă (f)	['kapse]
botón (m)	nasture (m)	['nasture]
ojal (m)	butonieră (f)	[buto'njere]
saltar (un botón)	a se rupe	[a se 'rupe]
coser (vi, vt)	a coase	[a ko'ase]
bordar (vt)	a broda	[a bro'da]
bordado (m)	broderie (f)	[brode'rie]
aguja (f)	ac (n)	[ak]
hilo (m)	aţă (f)	['atse]
costura (f)	cusătură (f)	[kuse'ture]
ensuciarse (vr)	a se murdări	[a se murde'ri]
mancha (f)	pată (f)	['pate]
arrugarse (vr)	a se şifona	[a se ʃifo'na]
rasgar (vt)	a rupe	[a 'rupe]
polilla (f)	molie (f)	['molie]

39. Productos personales. Cosméticos

pasta (f) de dientes	pastă (f) de dinţi	['paste de dintsʲ]
cepillo (m) de dientes	periuţă (f) de dinţi	[peri'utse de dintsʲ]
limpiarse los dientes	a se spăla pe dinţi	[a se spe'la pe dintsʲ]
maquinilla (f) de afeitar	brici (n)	['britʃi]
crema (f) de afeitar	cremă (f) de bărbierit	['kreme de berbie'rit]
afeitarse (vr)	a se bărbieri	[a se berbie'ri]
jabón (m)	săpun (n)	[se'pun]
champú (m)	şampon (n)	[ʃam'pon]
tijeras (f pl)	foarfece (n)	[fo'arfetʃe]
lima (f) de uñas	pilă (f) de unghii	['pile de 'ungij]
cortaúñas (m pl)	cleştişor (n)	[kleʃti'ʃor]
pinzas (f pl)	pensetă (f)	[pen'sete]
cosméticos (m pl)	cosmetică (f)	[kos'metike]
mascarilla (f)	mască (f)	['maske]
manicura (f)	manichiură (f)	[mani'kjure]
hacer la manicura	a face manichiura	[a 'fatʃe mani'kjura]
pedicura (f)	pedichiură (f)	[pedi'kjure]

bolsa (f) de maquillaje	**trusă (f) de cosmetică**	['truse de kos'metikə]
polvos (m pl)	**pudră (f)**	['pudrə]
polvera (f)	**pudrieră (f)**	[pudri'erə]
colorete (m), rubor (m)	**fard de obraz (n)**	[fard de o'braz]
perfume (m)	**parfum (n)**	[par'fum]
agua (f) de tocador	**apă de toaletă (f)**	['apə de toa'letə]
loción (f)	**loțiune (f)**	[loțsi'une]
agua (f) de Colonia	**colonie (f)**	[ko'lonie]
sombra (f) de ojos	**fard (n) de pleoape**	[fard 'pentru pleo'ape]
lápiz (m) de ojos	**creion (n) de ochi**	[kre'jon 'pentru okʲ]
rímel (m)	**rimel (n)**	[ri'mel]
pintalabios (m)	**ruj (n)**	[ruʒ]
esmalte (m) de uñas	**ojă (f)**	['oʒe]
fijador (m) para el pelo	**gel (n) de păr**	[dʒel de pər]
desodorante (m)	**deodorant (n)**	[deodo'rant]
crema (f)	**cremă (f)**	['kremə]
crema (f) de belleza	**cremă (f) de față**	['kremə de 'fatsə]
crema (f) de manos	**cremă (f) pentru mâini**	['kremə 'pentru minʲ]
crema (f) antiarrugas	**cremă (f) anti-rid**	['kremə 'anti rid]
de día (adj)	**de zi**	[de zi]
de noche (adj)	**de noapte**	[de no'apte]
tampón (m)	**tampon (n)**	[tam'pon]
papel (m) higiénico	**hârtie (f) igienică**	[hir'tie idʒi'enikə]
secador (m) de pelo	**uscător (n) de păr**	[uske'tor de pər]

40. Los relojes

reloj (m)	**ceas (n) de mână**	[ʧas de 'minə]
esfera (f)	**cadran (n)**	[ka'dran]
aguja (f)	**acul (n) ceasornicului**	['akul ʧasor'nikuluj]
pulsera (f)	**brățară (f)**	[brə'ʦsare]
correa (f) (del reloj)	**curea (f)**	[ku'rʲa]
pila (f)	**baterie (f)**	[bate'rie]
descargarse (vr)	**a se termina**	[a se termi'na]
cambiar la pila	**a schimba bateria**	[a skim'ba bate'rija]
adelantarse (vr)	**a merge înainte**	[a 'merdʒe ina'inte]
retrasarse (vr)	**a rămâne în urmă**	[a rə'mine in 'urmə]
reloj (m) de pared	**pendulă (f)**	[pen'dulə]
reloj (m) de arena	**clepsidră (f)**	[klep'sidrə]
reloj (m) de sol	**cadran (n) solar**	[ka'dran so'lar]
despertador (m)	**ceas (n) deșteptător**	[ʧas deʃteptə'tor]
relojero (m)	**ceasornicar (m)**	[ʧasorni'kar]
reparar (vt)	**a repara**	[a repa'ra]

BOOKS

LA EXPERIENCIA DIARIA

T&P Books Publishing

dinero (m)	**bani** (m pl)	[banʲ]
cambio (m)	**schimb** (n)	[skimb]
curso (m)	**curs** (n)	[kurs]
cajero (m) automático	**bancomat** (n)	[banko'mat]
moneda (f)	**monedă** (f)	[mo'nedə]
dólar (m)	**dolar** (m)	[do'lar]
euro (m)	**euro** (m)	['euro]
lira (f)	**liră** (f)	['lirə]
marco (m) alemán	**marcă** (f)	['markə]
franco (m)	**franc** (m)	[frank]
libra esterlina (f)	**liră** (f) **sterlină**	['lirə ster'linə]
yen (m)	**yen** (f)	['jen]
deuda (f)	**datorie** (f)	[dato'rie]
deudor (m)	**datornic** (m)	[da'tornik]
prestar (vt)	**a da cu împrumut**	[a da ku impru'mut]
tomar prestado	**a lua cu împrumut**	[a lu'a ku impru'mut]
banco (m)	**bancă** (f)	['bankə]
cuenta (f)	**cont** (n)	[kont]
ingresar en la cuenta	**a pune în cont**	[a 'pune in 'kont]
sacar de la cuenta	**a scoate din cont**	[a sko'ate din kont]
tarjeta (f) de crédito	**carte** (f) **de credit**	['karte de 'kredit]
dinero (m) en efectivo	**numerar** (n)	[nume'rar]
cheque (m)	**cec** (n)	[tʃek]
sacar un cheque	**a scrie un cec**	[a 'skrie un tʃek]
talonario (m)	**carte** (f) **de cecuri**	['karte de 'tʃekurʲ]
cartera (f)	**portvizit** (n)	[portvi'zit]
monedero (m)	**portofel** (n)	[porto'fel]
caja (f) fuerte	**seif** (n)	['sejf]
heredero (m)	**moştenitor** (m)	[moʃteni'tor]
herencia (f)	**moştenire** (f)	[moʃte'nire]
fortuna (f)	**avere** (f)	[a'vere]
arriendo (m)	**arendă** (f)	[a'rendə]
alquiler (m) (dinero)	**chirie** (f)	[ki'rie]
alquilar (~ una casa)	**a închiria**	[a inkiri'ja]
precio (m)	**preţ** (n)	[prets]
coste (m)	**valoare** (f)	[valo'are]

suma (f)	sumă (f)	['sumə]
gastar (vt)	a cheltui	[a keltu'i]
gastos (m pl)	cheltuieli (f pl)	[keltu'eli]
economizar (vi, vt)	a economisi	[a ekonomi'si]
económico (adj)	econom	[eko'nom]

pagar (vi, vt)	a plăti	[a plə'ti]
pago (m)	plată (f)	['platə]
cambio (m) (devolver el ~)	rest (n)	[rest]

impuesto (m)	impozit (n)	[im'pozit]
multa (f)	amendă (f)	[a'mendə]
multar (vt)	a amenda	[a amen'da]

42. La oficina de correos

oficina (f) de correos	poştă (f)	['poʃtə]
correo (m) (cartas, etc.)	corespondenţă (f)	[korespon'dentsə]
cartero (m)	poştaş (m)	[poʃ'taʃ]
horario (m) de apertura	ore (f pl) de lucru	['ore de 'lukru]

| carta (f) | scrisoare (f) | [skriso'are] |
| carta (f) certificada | scrisoare (f) recomandată | [skriso'are rekoman'datə] |

tarjeta (f) postal	carte (f) poştală	['karte poʃ'talə]
telegrama (m)	telegramă (f)	[tele'gramə]
paquete (m) postal	colet (n)	[ko'let]
giro (m) postal	mandat (n) poştal	[man'dat poʃ'tal]

recibir (vt)	a primi	[a pri'mi]
enviar (vt)	a expedia	[a ekspedi'ja]
envío (m)	expediere (f)	[ekspe'djere]

dirección (f)	adresă (f)	[a'dresə]
código (m) postal	cod (n) poştal	[kod poʃ'tal]
expedidor (m)	expeditor (m)	[ekspedi'tor]
destinatario (m)	destinatar (m)	[destina'tar]

| nombre (m) | prenume (n) | [pre'nume] |
| apellido (m) | nume (n) | ['nume] |

tarifa (f)	tarif (n)	[ta'rif]
ordinario (adj)	normal	[nor'mal]
económico (adj)	econom	[eko'nom]

peso (m)	greutate (f)	[greu'tate]
pesar (~ una carta)	a cântări	[a kintə'ri]
sobre (m)	plic (n)	[plik]
sello (m)	timbru (n)	['timbru]
poner un sello	a lipi timbrul	[a li'pi 'timbrul]

43. La banca

banco (m)	bancă (f)	['bankə]
sucursal (f)	sucursală (f)	[sukur'salə]
consultor (m)	consultant (m)	[konsul'tant]
gerente (m)	director (m)	[di'rektor]
cuenta (f)	cont (n)	[kont]
numero (m) de la cuenta	numărul (n) contului	['numərul 'kontuluj]
cuenta (f) corriente	cont (n) curent	[kont ku'rent]
cuenta (f) de ahorros	cont (n) de acumulare	[kont de akumu'lare]
abrir una cuenta	a deschide un cont	[a des'kide un kont]
cerrar la cuenta	a închide contul	[a i'nkide 'kontul]
ingresar en la cuenta	a pune în cont	[a 'pune in 'kont]
sacar de la cuenta	a extrage din cont	[a eks'tradʒe din kont]
depósito (m)	depozit (n)	[de'pozit]
hacer un depósito	a depune	[a de'pune]
giro (m) bancario	transfer (n)	[trans'fer]
hacer un giro	a transfera	[a transfe'ra]
suma (f)	sumă (f)	['sumə]
¿Cuánto?	Cât?	[kit]
firma (f) (nombre)	semnătură (f)	[semnə'turə]
firmar (vt)	a semna	[a sem'na]
tarjeta (f) de crédito	carte (f) de credit	['karte de 'kredit]
código (m)	cod (n)	[kod]
número (m) de tarjeta de crédito	numărul (n) cărții de credit	['numərul kərtsij de 'kredit]
cajero (m) automático	bancomat (n)	[banko'mat]
cheque (m)	cec (n)	[tʃek]
sacar un cheque	a scrie un cec	[a 'skrie un tʃek]
talonario (m)	carte (f) de cecuri	['karte de 'tʃekurʲ]
crédito (m)	credit (n)	['kredit]
pedir el crédito	a solicita un credit	[a solitʃi'ta pe 'kredit]
obtener un crédito	a lua pe credit	[a lu'a pe 'kredit]
conceder un crédito	a acorda credit	[a akor'da 'kredit]
garantía (f)	garanție (f)	[garan'tsie]

44. El teléfono. Las conversaciones telefónicas

teléfono (m)	telefon (n)	[tele'fon]
teléfono (m) móvil	telefon (n) mobil	[tele'fon mo'bil]

contestador (m)	**răspuns** (n) **automat**	[rəs'puns auto'mat]
llamar, telefonear	**a suna, a telefona**	[a su'na], [a tele'fona]
llamada (f)	**apel** (n)**, convorbire** (f)	[a'pel], [konvor'bire]
marcar un número	**a forma un număr**	[a for'ma un 'numər]
¿Sí?, ¿Dígame?	**Alo!**	[a'lo]
preguntar (vt)	**a întreba**	[a intre'ba]
responder (vi, vt)	**a răspunde**	[a rəs'punde]
oír (vt)	**a auzi**	[a au'zi]
bien (adv)	**bine**	['bine]
mal (adv)	**rău**	['rəu]
ruidos (m pl)	**bruiaj** (n)	[bru'jaʒ]
auricular (m)	**receptor** (n)	[retʃep'tor]
descolgar (el teléfono)	**a lua receptorul**	[a lu'a retʃep'torul]
colgar el auricular	**a pune receptorul**	[a 'pune retʃep'torul]
ocupado (adj)	**ocupat**	[oku'pat]
sonar (teléfono)	**a suna**	[a su'na]
guía (f) de teléfonos	**carte** (f) **de telefon**	['karte de tele'fon]
local (adj)	**local**	[lo'kal]
llamada (f) local	**apel** (n) **local**	[a'pel lo'kal]
de larga distancia	**interurban**	[interur'ban]
llamada (f)	**apel** (n) **interurban**	[a'pel interur'ban]
de larga distancia		
internacional (adj)	**internațional**	[internatsio'nal]
llamada (f) internacional	**apel** (n) **interna ional**	[a'pel internatsio'nal]

45. El teléfono celular

teléfono (m) móvil	**telefon** (n) **mobil**	[tele'fon mo'bil]
pantalla (f)	**ecran** (n)	[e'kran]
botón (m)	**buton** (n)	[bu'ton]
tarjeta SIM (f)	**cartelă** (f) **SIM**	[kar'telə 'sim]
pila (f)	**baterie** (f)	[bate'rie]
descargarse (vr)	**a se descărca**	[a se deskər'ka]
cargador (m)	**încărcător** (m)	[inkərkə'tor]
menú (m)	**meniu** (n)	[me'nju]
preferencias (f pl)	**setări** (f)	[se'tərʲ]
melodía (f)	**melodie** (f)	[melo'die]
seleccionar (vt)	**a selecta**	[a selek'ta]
calculadora (f)	**calculator** (n)	[kalkula'tor]
contestador (m)	**răspuns** (n) **automat**	[rəs'puns auto'mat]
despertador (m)	**ceas** (n) **deşteptător**	[tʃas deʃteptə'tor]
contactos (m pl)	**carte** (f) **de telefoane**	['karte de telefo'ane]

| mensaje (m) de texto | SMS (n) | [ese'mes] |
| abonado (m) | abonat (m) | [abo'nat] |

46. Los artículos de escritorio. La papelería

bolígrafo (m)	stilou (n)	[sti'lou]
pluma (f) estilográfica	condei (n)	[kon'dej]
lápiz (m)	creion (n)	[kre'jon]
marcador (m)	marcher (n)	['marker]
rotulador (m)	cariocă (f)	[kari'okə]
bloc (m) de notas	carnețel (n)	[karnə'tsəl]
agenda (f)	agendă (f)	[a'dʒendə]
regla (f)	riglă (f)	['riglə]
calculadora (f)	calculator (f)	[kalkula'tor]
goma (f) de borrar	radieră (f)	[radi'erə]
chincheta (f)	piuneză (f)	[pju'nezə]
clip (m)	clamă (f)	['klamə]
cola (f), pegamento (m)	lipici (n)	[li'pitʃi]
grapadora (f)	capsator (n)	[kapsa'tor]
perforador (m)	perforator (n)	[perfo'rator]
sacapuntas (m)	ascuțitoare (f)	[askutsito'are]

47. Los idiomas extranjeros

lengua (f)	limbă (f)	['limbə]
extranjero (adj)	străin	[strə'in]
estudiar (vt)	a studia	[a studi'a]
aprender (ingles, etc.)	a învăța	[a invə'tsa]
leer (vi, vt)	a citi	[a tʃi'ti]
hablar (vi, vt)	a vorbi	[a vor'bi]
comprender (vt)	a înțelege	[a intse'ledʒe]
escribir (vt)	a scrie	[a 'skrie]
rápidamente (adv)	repede	['repede]
lentamente (adv)	încet	[in'tʃet]
con fluidez (adv)	liber	['liber]
reglas (f pl)	reguli (f pl)	['regulʲ]
gramática (f)	gramatică (f)	[gra'matikə]
vocabulario (m)	lexic (n)	['leksik]
fonética (f)	fonetică (f)	[fo'netikə]
manual (m)	manual (n)	[manu'al]
diccionario (m)	dicționar (n)	[diktsio'nar]

manual (m) autodidáctico	**manual** (n) **autodidactic**	[manu'al autodi'daktik]
guía (f) de conversación	**ghid** (n) **de conversație**	[gid de konver'satsie]
casete (m)	**casetă** (f)	[ka'setə]
videocasete (f)	**casetă** (f) **video**	[ka'setə 'video]
disco compacto, CD (m)	**CD** (n)	[si'di]
DVD (m)	**DVD** (n)	[divi'di]
alfabeto (m)	**alfabet** (n)	[alfa'bet]
deletrear (vt)	**a spune pe litere**	[a vor'bi pe 'litere]
pronunciación (f)	**pronunție** (f)	[pro'nuntsie]
acento (m)	**accent** (n)	[ak'tʃent]
con acento	**cu accent**	['ku ak'tʃent]
sin acento	**fără accent**	['fərə ak'tʃent]
palabra (f)	**cuvânt** (n)	[ku'vint]
significado (m)	**sens** (n)	[sens]
cursos (m pl)	**cursuri** (n)	['kursurʲ]
inscribirse (vr)	**a se înscrie**	[a se in'skrie]
profesor (m) (~ de inglés)	**profesor** (m)	[pro'fesor]
traducción (f) (proceso)	**traducere** (f)	[tra'dutʃere]
traducción (f) (texto)	**traducere** (f)	[tra'dutʃere]
traductor (m)	**traducător** (m)	[tradukə'tor]
intérprete (m)	**translator** (m)	[trans'lator]
políglota (m)	**poliglot** (m)	[poli'glot]
memoria (f)	**memorie** (f)	[me'morie]

LAS COMIDAS. EL RESTAURANTE

T&P Books Publishing

48. Los cubiertos

cuchara (f)	**lingură** (f)	['lingurə]
cuchillo (m)	**cuțit** (n)	[ku'tsit]
tenedor (m)	**furculiță** (f)	[furku'litsə]
taza (f)	**ceaşcă** (f)	['tʃaʃkə]
plato (m)	**farfurie** (f)	[farfu'rie]
platillo (m)	**farfurioară** (f)	[farfurio'arə]
servilleta (f)	**şervețel** (n)	[ʃərve'tsel]
mondadientes (m)	**scobitoare** (f)	[skobito'are]

49. El restaurante

restaurante (m)	**restaurant** (n)	[restau'rant]
cafetería (f)	**cafenea** (f)	[kafe'nʲa]
bar (m)	**bar** (n)	[bar]
salón (m) de té	**salon** (n) **de ceai**	[sa'lon de tʃaj]
camarero (m)	**chelner** (m)	['kelner]
camarera (f)	**chelnerită** (f)	[kelne'ritsə]
barman (m)	**barman** (m)	['barman]
carta (f), menú (m)	**meniu** (n)	[me'nju]
carta (f) de vinos	**meniu** (n) **de vinuri**	[menju de 'vinurʲ]
reservar una mesa	**a rezerva o masă**	[a rezer'va o 'masə]
plato (m)	**mâncare** (f)	[mɨn'kare]
pedir (vt)	**a comanda**	[a koman'da]
hacer un pedido	**a face comandă**	[a 'fatʃe ko'mandə]
aperitivo (m)	**aperitiv** (n)	[aperi'tiv]
entremés (m)	**gustare** (f)	[gus'tare]
postre (m)	**desert** (n)	[de'sert]
cuenta (f)	**notă** (f) **de plată**	['notə de 'platə]
pagar la cuenta	**a achita nota de plată**	[a aki'ta 'nota de 'platə]
dar la vuelta	**a da rest**	[a da 'rest]
propina (f)	**bacşiş** (n)	[bak'ʃiʃ]

50. Las comidas

comida (f)	**mâncare** (f)	[mɨn'kare]
comer (vi, vt)	**a mânca**	[a mɨn'ka]

desayuno (m)	**micul dejun** (n)	['mikul de'ʒun]
desayunar (vi)	**a lua micul dejun**	[a lu'a 'mikul de'ʒun]
almuerzo (m)	**prânz** (n)	[prinz]
almorzar (vi)	**a lua prânzul**	[a lu'a 'prinzul]
cena (f)	**cină** (f)	['tʃinə]
cenar (vi)	**a cina**	[a tʃi'na]
apetito (m)	**poftă** (f) **de mâncare**	['poftə de mi'nkare]
¡Que aproveche!	**Poftă bună!**	['poftə 'bunə]
abrir (vt)	**a deschide**	[a des'kide]
derramar (líquido)	**a vărsa**	[a vər'sa]
derramarse (líquido)	**a se vărsa**	[a se vər'sa]
hervir (vi)	**a fierbe**	[a 'fjerbe]
hervir (vt)	**a fierbe**	[a 'fjerbe]
hervido (agua ~a)	**fiert**	[fiert]
enfriar (vt)	**a răci**	[a rə'tʃi]
enfriarse (vr)	**a se răci**	[a se rə'tʃi]
sabor (m)	**gust** (n)	[gust]
regusto (m)	**aromă** (f)	[a'romə]
adelgazar (vi)	**a slăbi**	[a slə'bi]
dieta (f)	**dietă** (f)	[di'etə]
vitamina (f)	**vitamină** (f)	[vita'minə]
caloría (f)	**calorie** (f)	[kalo'rie]
vegetariano (m)	**vegetarian** (m)	[vedʒetari'an]
vegetariano (adj)	**vegetarian**	[vedʒetari'an]
grasas (f pl)	**grăsimi** (f pl)	[grə'simʲ]
proteínas (f pl)	**proteine** (f pl)	[prote'ine]
carbohidratos (m pl)	**hidrați** (m pl) **de carbon**	[hi'dratsʲ de kar'bon]
loncha (f)	**felie** (f)	[fe'lie]
pedazo (m)	**bucată** (f)	[bu'katə]
miga (f)	**firimitură** (f)	[firimi'turə]

51. Los platos

plato (m)	**fel** (n) **de mâncare**	[fel de mi'nkare]
cocina (f)	**bucătărie** (f)	[bukətə'rie]
receta (f)	**rețetă** (f)	[re'tsetə]
porción (f)	**porție** (f)	['portsie]
ensalada (f)	**salată** (f)	[sa'latə]
sopa (f)	**supă** (f)	['supə]
caldo (m)	**supă** (f) **de carne**	['supə de 'karne]
bocadillo (m)	**tartină** (f)	[tar'tinə]
huevos (m pl) fritos	**omletă** (f)	[om'letə]

hamburguesa (f)	**hamburger** (m)	['hamburger]
bistec (m)	**biftec** (n)	[bif'tek]
guarnición (f)	**garnitură** (f)	[garni'turə]
espagueti (m)	**spaghete** (f pl)	[spa'gete]
puré (m) de patatas	**piure** (n) **de cartofi**	[pju're de kar'tofʲ]
pizza (f)	**pizza** (f)	['pitsa]
gachas (f pl)	**caşă** (f)	['kaʃə]
tortilla (f) francesa	**omletă** (f)	[om'letə]
cocido en agua (adj)	**fiert**	[fiert]
ahumado (adj)	**afumat**	[afu'mat]
frito (adj)	**prăjit**	[prə'ʒit]
seco (adj)	**uscat**	[us'kat]
congelado (adj)	**congelat**	[konʤe'lat]
marinado (adj)	**marinat**	[mari'nat]
azucarado, dulce (adj)	**dulce**	['dulʧe]
salado (adj)	**sărat**	[sə'rat]
frío (adj)	**rece**	['reʧe]
caliente (adj)	**fierbinte**	[fier'binte]
amargo (adj)	**amar**	[a'mar]
sabroso (adj)	**gustos**	[gus'tos]
cocer en agua	**a fierbe**	[a 'fjerbe]
preparar (la cena)	**a găti**	[a gə'ti]
freír (vt)	**a prăji**	[a prə'ʒi]
calentar (vt)	**a încălzi**	[a ɨnkəl'zi]
salar (vt)	**a săra**	[a sə'ra]
poner pimienta	**a pipera**	[a pipe'ra]
rallar (vt)	**a da prin răzătoare**	[a da prin rəzəto'are]
piel (f)	**coajă** (f)	[ko'aʒə]
pelar (vt)	**a curăţa**	[a kurə'tsa]

52. La comida

carne (f)	**carne** (f)	['karne]
gallina (f)	**carne** (f) **de găină**	['karne de gə'inə]
pollo (m)	**carne** (f) **de pui**	['karne de puj]
pato (m)	**carne** (f) **de raţă**	['karne de 'ratsə]
ganso (m)	**carne** (f) **de gâscă**	['karne de 'giskə]
caza (f) menor	**vânat** (n)	[vi'nat]
pava (f)	**carne** (f) **de curcan**	['karne de 'kurkan]
carne (f) de cerdo	**carne** (f) **de porc**	['karne de pork]
carne (f) de ternera	**carne** (f) **de viţel**	['karne de vi'tsel]
carne (f) de carnero	**carne** (f) **de berbec**	['karne de ber'bek]
carne (f) de vaca	**carne** (f) **de vită**	['karne de 'vitə]
conejo (m)	**carne** (f) **de iepure de casă**	['karne de 'epure de 'kasə]

salchichón (m)	**salam** (n)	[sa'lam]
salchicha (f)	**crenvurşt** (n)	[kren'vurʃt]
beicon (m)	**costiţă** (f) **afumată**	[kos'titsə afu'matə]
jamón (m)	**şuncă** (f)	['ʃunkə]
jamón (m) fresco	**pulpă** (f)	['pulpə]
paté (m)	**pateu** (n)	[pa'teu]
hígado (m)	**ficat** (m)	[fi'kat]
carne (f) picada	**carne** (f) **tocată**	['karne to'katə]
lengua (f)	**limbă** (f)	['limbə]
huevo (m)	**ou** (n)	['ow]
huevos (m pl)	**ouă** (n pl)	['owə]
clara (f)	**albuş** (n)	[al'buʃ]
yema (f)	**gălbenuş**	[gəlbe'nuʃ]
pescado (m)	**peşte** (m)	['peʃte]
mariscos (m pl)	**produse** (n pl) **marine**	[pro'duse ma'rine]
caviar (m)	**icre** (f pl) **de peşte**	['ikre de 'peʃte]
cangrejo (m) de mar	**crab** (m)	[krab]
camarón (m)	**crevetă** (f)	[kre'vetə]
ostra (f)	**stridie** (f)	['stridie]
langosta (f)	**langustă** (f)	[lan'gustə]
pulpo (m)	**caracatiţă** (f)	[kara'katitsə]
calamar (m)	**calmar** (m)	[kal'mar]
esturión (m)	**carne** (f) **de nisetru**	['karne de ni'setru]
salmón (m)	**somon** (m)	[so'mon]
fletán (m)	**calcan** (m)	[kal'kan]
bacalao (m)	**batog** (m)	[ba'tog]
caballa (f)	**macrou** (n)	[ma'krou]
atún (m)	**ton** (m)	[ton]
anguila (f)	**ţipar** (m)	[tsi'par]
trucha (f)	**păstrăv** (m)	[pəs'trəv]
sardina (f)	**sardea** (f)	[sar'dʲa]
lucio (m)	**ştiucă** (f)	['ʃtjukə]
arenque (m)	**scrumbie** (f)	[skrum'bie]
pan (m)	**pâine** (f)	['pine]
queso (m)	**caşcaval** (n)	['brinzə]
azúcar (m)	**zahăr** (n)	['zahər]
sal (f)	**sare** (f)	['sare]
arroz (m)	**orez** (n)	[o'rez]
macarrones (m pl)	**paste** (f pl)	['paste]
tallarines (m pl)	**tăiţei** (m)	[təi'tsej]
mantequilla (f)	**unt** (n)	['unt]
aceite (m) vegetal	**ulei** (n) **vegetal**	[u'lej vedʒe'tal]

aceite (m) de girasol	ulei (n) de floarea-soarelui	[u'lej de flo'arⁱa so'areluj]
margarina (f)	margarină (f)	[marga'rinə]
olivas, aceitunas (f pl)	olive (f pl)	[o'live]
aceite (m) de oliva	ulei (n) de măsline	[u'lej de məs'line]
leche (f)	lapte (n)	['lapte]
leche (f) condensada	lapte (n) condensat	['lapte konden'sat]
yogur (m)	iaurt (n)	[ja'urt]
nata (f) agria	smântână (f)	[smin'tinə]
nata (f) líquida	frişcă (f)	['friʃkə]
mayonesa (f)	maioneză (f)	[majo'nezə]
crema (f) de mantequilla	cremă (f)	['kremə]
cereales (m pl) integrales	crupe (f pl)	['krupe]
harina (f)	făină (f)	[fə'inə]
conservas (f pl)	conserve (f pl)	[kon'serve]
copos (m pl) de maíz	fulgi (m pl) de porumb	['fuldʒⁱ de po'rumb]
miel (f)	miere (f)	['mjere]
confitura (f)	gem (n)	[dʒem]
chicle (m)	gumă (f) de mestecat	['gumə de meste'kat]

53. Las bebidas

agua (f)	apă (f)	['apə]
agua (f) potable	apă (f) potabilă	['apə po'tabilə]
agua (f) mineral	apă (f) minerală	['apə mine'ralə]
sin gas	necarbogazoasă	[nekarbogazo'asə]
gaseoso (adj)	carbogazoasă	[karbogazo'asə]
con gas	gazoasă	[gazo'asə]
hielo (m)	gheaţă (f)	['gⁱatsə]
con hielo	cu gheaţă	[ku 'gⁱatsə]
sin alcohol	fără alcool	['fərə alko'ol]
bebida (f) sin alcohol	băutură (f) fără alcool	[bəu'turə fərə alko'ol]
refresco (m)	băutură (f) răcoritoare	[bəu'turə rəkorito'are]
limonada (f)	limonadă (f)	[limo'nadə]
bebidas (f pl) alcohólicas	băuturi (f pl) alcoolice	[bəu'turⁱ alko'olitʃe]
vino (m)	vin (n)	[vin]
vino (m) blanco	vin (n) alb	[vin alb]
vino (m) tinto	vin (n) roşu	[vin 'roʃu]
licor (m)	lichior (n)	[li'kør]
champaña (f)	şampanie (f)	[ʃam'panie]
vermú (m)	vermut (n)	[ver'mut]

whisky (m)	**whisky** (n)	['wiski]
vodka (m)	**votcă** (f)	['votkə]
ginebra (f)	**gin** (n)	[dʒin]
coñac (m)	**coniac** (n)	[ko'njak]
ron (m)	**rom** (n)	[rom]
café (m)	**cafea** (f)	[ka'fʲa]
café (m) solo	**cafea** (f) **neagră**	[ka'fʲa 'nʲagrə]
café (m) con leche	**cafea** (f) **cu lapte**	[ka'fʲa ku 'lapte]
capuchino (m)	**cafea** (f) **cu frişcă**	[ka'fʲa ku 'friʃkə]
café (m) soluble	**cafea** (f) **solubilă**	[ka'fʲa so'lubilə]
leche (f)	**lapte** (n)	['lapte]
cóctel (m)	**cocteil** (n)	[kok'tejl]
batido (m)	**cocteil** (n) **din lapte**	[kok'tejl din 'lapte]
zumo (m), jugo (m)	**suc** (n)	[suk]
jugo (m) de tomate	**suc** (n) **de roşii**	[suk de 'roʃij]
zumo (m) de naranja	**suc** (n) **de portocale**	[suk de porto'kale]
zumo (m) fresco	**suc** (n) **natural**	[suk natu'ral]
cerveza (f)	**bere** (f)	['bere]
cerveza (f) rubia	**bere** (f) **blondă**	['bere 'blondə]
cerveza (f) negra	**bere** (f) **brună**	['bere 'brunə]
té (m)	**ceai** (n)	[tʃaj]
té (m) negro	**ceai** (n) **negru**	[tʃaj 'negru]
té (m) verde	**ceai** (n) **verde**	[tʃaj 'verde]

54. Las verduras

legumbres (f pl)	**legume** (f pl)	[le'gume]
verduras (f pl)	**verdeaţă** (f)	[ver'dʲatsə]
tomate (m)	**roşie** (f)	['roʃie]
pepino (m)	**castravete** (m)	[kastra'vete]
zanahoria (f)	**morcov** (m)	['morkov]
patata (f)	**cartof** (m)	[kar'tof]
cebolla (f)	**ceapă** (f)	['tʃapə]
ajo (m)	**usturoi** (m)	[ustu'roj]
col (f)	**varză** (f)	['varzə]
coliflor (f)	**conopidă** (f)	[kono'pidə]
col (f) de Bruselas	**varză** (f) **de Bruxelles**	['varzə de bruk'sel]
brócoli (m)	**broccoli** (m)	['brokoli]
remolacha (f)	**sfeclă** (f)	['sfeklə]
berenjena (f)	**pătlăgea** (f) **vânătă**	[pətlə'dʒʲa 'vinətə]
calabacín (m)	**dovlecel** (m)	[dovle'tʃel]
calabaza (f)	**dovleac** (m)	[dov'lʲak]

nabo (m)	**nap** (m)	[nap]
perejil (m)	**pătrunjel** (m)	[pətrun'ʒel]
eneldo (m)	**mărar** (m)	[mə'rar]
lechuga (f)	**salată** (f)	[sa'latə]
apio (m)	**țelină** (f)	['tselinə]
espárrago (m)	**sparanghel** (m)	[sparan'gel]
espinaca (f)	**spanac** (n)	[spa'nak]
guisante (m)	**mazăre** (f)	['mazəre]
habas (f pl)	**boabe** (f pl)	[bo'abe]
maíz (m)	**porumb** (m)	[po'rumb]
fréjol (m)	**fasole** (f)	[fa'sole]
pimiento (m) dulce	**piper** (m)	[pi'per]
rábano (m)	**ridiche** (f)	[ri'dike]
alcachofa (f)	**anghinare** (f)	[angi'nare]

55. Las frutas. Las nueces

fruto (m)	**fruct** (n)	[frukt]
manzana (f)	**măr** (n)	[mər]
pera (f)	**pară** (f)	['parə]
limón (m)	**lămâie** (f)	[lə'mie]
naranja (f)	**portocală** (f)	[porto'kalə]
fresa (f)	**căpșună** (f)	[kəp'ʃunə]
mandarina (f)	**mandarină** (f)	[manda'rinə]
ciruela (f)	**prună** (f)	['prunə]
melocotón (m)	**piersică** (f)	['pjersikə]
albaricoque (m)	**caisă** (f)	[ka'isə]
frambuesa (f)	**zmeură** (f)	['zmeurə]
piña (f)	**ananas** (m)	[ana'nas]
banana (f)	**banană** (f)	[ba'nanə]
sandía (f)	**pepene** (m) **verde**	['pepene 'verde]
uva (f)	**struguri** (m pl)	['strugurʲ]
guinda (f)	**vișină** (f)	['viʃinə]
cereza (f)	**cireașă** (f)	[tʃiʲrʲaʃə]
melón (m)	**pepene** (m) **galben**	['pepene 'galben]
pomelo (m)	**grepfrut** (n)	['grepfrut]
aguacate (m)	**avocado** (n)	[avo'kado]
papaya (f)	**papaia** (f)	[pa'paja]
mango (m)	**mango** (n)	['mango]
granada (f)	**rodie** (f)	['rodie]
grosella (f) roja	**coacăză** (f) **roșie**	[ko'akəzə 'roʃie]
grosella (f) negra	**coacăză** (f) **neagră**	[ko'akəzə 'nʲagrə]
grosella (f) espinosa	**agrișă** (f)	[a'griʃə]
arándano (m)	**afină** (f)	[a'finə]

zarzamoras (f pl)	murä (f)	['murə]
pasas (f pl)	stafidä (f)	[sta'fidə]
higo (m)	smochinä (f)	[smo'kinə]
dátil (m)	curmalä (f)	[kur'malə]

cacahuete (m)	arahidä (f)	[ara'hidə]
almendra (f)	migdalä (f)	[mig'dalə]
nuez (f)	nucä (f)	['nukə]
avellana (f)	alunä (f) de pädure	[a'lunə de pə'dure]
nuez (f) de coco	nucä (f) de cocos	['nukə de 'kokos]
pistachos (m pl)	fistic (m)	['fistik]

56. El pan. Los dulces

pasteles (m pl)	produse (n pl) de cofetärie	[pro'duse də kofetə'rie]
pan (m)	pâine (f)	['pine]
galletas (f pl)	biscuit (m)	[bisku'it]

chocolate (m)	ciocolatä (f)	[tʃioko'latə]
de chocolate (adj)	de, din ciocolatä	[de, din tʃioko'latə]
caramelo (m)	bomboanä (f)	[bombo'anə]
tarta (f) (pequeña)	präjiturä (f)	[prəʒi'turə]
tarta (f) (~ de cumpleaños)	tort (n)	[tort]

| tarta (f) (~ de manzana) | plăcintä (f) | [plə'tʃintə] |
| relleno (m) | umpluturä (f) | [umplu'turə] |

confitura (f)	dulceatä (f)	[dul'tʃatsə]
mermelada (f)	marmeladä (f)	[marme'ladə]
gofre (m)	napolitane (f pl)	[napoli'tane]
helado (m)	înghetatä (f)	[inge'tsatə]

57. Las especias

sal (f)	sare (f)	['sare]
salado (adj)	särat	[sə'rat]
salar (vt)	a sära	[a sə'ra]

pimienta (f) negra	piper (m) negru	[pi'per 'negru]
pimienta (f) roja	piper (m) roşu	[pi'per 'roʃu]
mostaza (f)	muştar (m)	[muʃ'tar]
rábano (m) picante	hrean (n)	[hrian]

condimento (m)	condiment (n)	[kondi'ment]
especia (f)	condiment (n)	[kondi'ment]
salsa (f)	sos (n)	[sos]
vinagre (m)	otet (n)	[o'tset]

anís (m)	**anason** (m)	[ana'son]
albahaca (f)	**busuioc** (n)	[busu'jok]
clavo (m)	**cuişoare** (f pl)	[kuiʃo'are]
jengibre (m)	**ghimber** (m)	[gim'ber]
cilantro (m)	**coriandru** (m)	[kori'andru]
canela (f)	**scorţişoară** (f)	[skortsiʃo'arə]
sésamo (m)	**susan** (m)	[su'san]
hoja (f) de laurel	**foi** (f) **de dafin**	[foj de 'dafin]
paprika (f)	**paprică** (f)	['paprikə]
comino (m)	**chimen** (m)	[ki'men]
azafrán (m)	**şofran** (m)	[ʃo'fran]

T&P BOOKS

LA INFORMACIÓN PERSONAL. LA FAMILIA

T&P Books Publishing

nombre (m)	**prenume** (n)	[pre'nume]
apellido (m)	**nume** (n)	['nume]
fecha (f) de nacimiento	**data** (f) **naşterii**	['data 'naʃterij]
lugar (m) de nacimiento	**locul** (n) **naşterii**	['lokul 'naʃterij]
nacionalidad (f)	**naţionalitate** (f)	[natsionali'tate]
domicilio (m)	**locul** (n) **de reşedinţă**	['lokul de reʃə'dintsə]
país (m)	**ţară** (f)	['tsarə]
profesión (f)	**profesie** (f)	[pro'fesie]
sexo (m)	**sex** (n)	[seks]
estatura (f)	**înălţime** (f)	[inəl'tsime]
peso (m)	**greutate** (f)	[greu'tate]

madre (f)	**mamă** (f)	['mamə]
padre (m)	**tată** (m)	['tatə]
hijo (m)	**fiu** (m)	['fju]
hija (f)	**fiică** (f)	['fiikə]
hija (f) menor	**fiica** (f) **mai mică**	['fiika maj 'mikə]
hijo (m) menor	**fiul** (m) **mai mic**	['fjul maj mik]
hija (f) mayor	**fiica** (f) **mai mare**	['fiika maj 'mare]
hijo (m) mayor	**fiul** (m) **mai mare**	['fjul maj 'mare]
hermano (m)	**frate** (m)	['frate]
hermana (f)	**soră** (f)	['sorə]
primo (m)	**văr** (m)	[vər]
prima (f)	**vară** (f)	['varə]
mamá (f)	**mamă** (f)	['mamə]
papá (m)	**tată** (m)	['tatə]
padres (pl)	**părinţi** (m pl)	[pə'rintsʲ]
niño -a (m, f)	**copil** (m)	[ko'pil]
niños (pl)	**copii** (m pl)	[ko'pij]
abuela (f)	**bunică** (f)	[bu'nikə]
abuelo (m)	**bunic** (m)	[bu'nik]
nieto (m)	**nepot** (m)	[ne'pot]
nieta (f)	**nepoată** (f)	[nepo'atə]
nietos (pl)	**nepoţi** (m pl)	[ne'potsʲ]

tío (m)	unchi (m)	[unkʲ]
tía (f)	mătuşă (f)	[mə'tuʃə]
sobrino (m)	nepot (m)	[ne'pot]
sobrina (f)	nepoată (f)	[nepo'atə]

suegra (f)	soacră (f)	[so'akrə]
suegro (m)	socru (m)	['sokru]
yerno (m)	cumnat (m)	[kum'nat]
madrastra (f)	mamă vitregă (f)	['mamə 'vitregə]
padrastro (m)	tată vitreg (m)	['tatə 'vitreg]

niño (m) de pecho	sugaci (m)	[su'gatʃi]
bebé (m)	prunc (m)	[prunk]
chico (m)	pici (m)	[pitʃi]

mujer (f)	soţie (f)	[so'tsie]
marido (m)	soţ (m)	[sots]
esposo (m)	soţ (m)	[sots]
esposa (f)	soţie (f)	[so'tsie]

casado (adj)	căsătorit	[kəsəto'rit]
casada (adj)	căsătorită	[kəsəto'ritə]
soltero (adj)	celibatar (m)	[tʃeliba'tar]
soltero (m)	burlac (m)	[bur'lak]
divorciado (adj)	divorţat	[divor'tsat]
viuda (f)	văduvă (f)	[vəduvə]
viudo (m)	văduv (m)	[vəduv]

pariente (m)	rudă (f)	['rudə]
pariente (m) cercano	rudă (f) apropiată	['rudə apropi'jatə]
pariente (m) lejano	rudă (f) îndepărtată	['rudə indeper'tatə]
parientes (pl)	rude (f pl) de sânge	['rude de 'sindʒe]

huérfano (m), huérfana (f)	orfan (m)	[or'fan]
tutor (m)	tutore (m)	[tu'tore]
adoptar (un niño)	a adopta	[a adop'ta]
adoptar (una niña)	a adopta	[a adop'ta]

60. Los amigos. Los compañeros del trabajo

amigo (m)	prieten (m)	[pri'eten]
amiga (f)	prietenă (f)	[pri'etenə]
amistad (f)	prietenie (f)	[priete'nie]
ser amigo	a prieteni	[a priete'ni]

amigote (m)	amic (m)	[a'mik]
amiguete (f)	amică (f)	[a'mikə]
compañero (m)	partener (m)	[parte'ner]
jefe (m)	şef (m)	[ʃef]
superior (m)	director (m)	[di'rektor]

subordinado (m)	**subordonat** (m)	[subordo'nat]
colega (m, f)	**coleg** (m)	[ko'leg]
conocido (m)	**cunoscut** (m)	[kunos'kut]
compañero (m) de viaje	**tovarăş** (m) **de drum**	[to'varəʃ de drum]
condiscípulo (m)	**coleg** (m) **de clasă**	[ko'leg de 'klasə]
vecino (m)	**vecin** (m)	[ve'ʧin]
vecina (f)	**vecină** (f)	[ve'ʧinə]
vecinos (pl)	**vecini** (m pl)	[ve'ʧinʲ]

T&P BOOKS

EL CUERPO. LA MEDICINA

T&P Books Publishing

cabeza (f)	**cap** (n)	[kap]
cara (f)	**faţă** (f)	['fatsə]
nariz (f)	**nas** (n)	[nas]
boca (f)	**gură** (f)	['gurə]

ojo (m)	**ochi** (m)	[okʲ]
ojos (m pl)	**ochi** (m pl)	[okʲ]
pupila (f)	**pupilă** (f)	[pu'pilə]
ceja (f)	**sprânceană** (f)	[sprin'ʧanə]
pestaña (f)	**geană** (f)	['dʒanə]
párpado (m)	**pleoapă** (f)	[pleo'apə]

lengua (f)	**limbă** (f)	['limbə]
diente (m)	**dinte** (m)	['dinte]
labios (m pl)	**buze** (f pl)	['buze]
pómulos (m pl)	**pomeţi** (m pl)	[po'metsʲ]
encía (f)	**gingie** (f)	[dʒin'dʒie]
paladar (m)	**palat** (n)	[pa'lat]

ventanas (f pl)	**nări** (f pl)	[nərʲ]
mentón (m)	**bărbie** (f)	[bər'bie]
mandíbula (f)	**maxilar** (n)	[maksi'lar]
mejilla (f)	**obraz** (m)	[o'braz]

frente (f)	**frunte** (f)	['frunte]
sien (f)	**tâmplă** (f)	['timplə]
oreja (f)	**ureche** (f)	[u'reke]
nuca (f)	**ceafă** (f)	['ʧafə]
cuello (m)	**gât** (n)	[git]
garganta (f)	**gât** (n)	[git]

pelo, cabello (m)	**păr** (m)	[pər]
peinado (m)	**coafură** (f)	[koa'furə]
corte (m) de pelo	**tunsoare** (f)	[tunso'are]
peluca (f)	**perucă** (f)	[pe'rukə]

bigote (m)	**mustăţi** (f pl)	[mus'tətsʲ]
barba (f)	**barbă** (f)	['barbə]
tener (~ la barba)	**a purta**	[a pur'ta]
trenza (f)	**cosiţă** (f)	[ko'sitsə]
patillas (f pl)	**favoriţi** (m pl)	[favo'ritsʲ]

| pelirrojo (adj) | **roşcat** | [roʃ'kat] |
| gris, canoso (adj) | **cărunt** | [kə'runt] |

| calvo (adj) | **chel** | [kel] |
| calva (f) | **chelie** (f) | [ke'lie] |

| cola (f) de caballo | **coadă** (f) | [ko'adə] |
| flequillo (m) | **breton** (n) | [bre'ton] |

62. El cuerpo

| mano (f) | **mână** (f) | ['minə] |
| brazo (m) | **braţ** (n) | [brats] |

dedo (m)	**deget** (n)	['dedʒet]
dedo (m) pulgar	**degetul** (n) **mare**	['dedʒetul 'mare]
dedo (m) meñique	**degetul** (n) **mic**	['dedʒetul mik]
uña (f)	**unghie** (f)	['ungie]

puño (m)	**pumn** (m)	[pumn]
palma (f)	**palmă** (f)	['palmə]
muñeca (f)	**încheietura** (f) **mâinii**	[inkeje'tura 'minij]
antebrazo (m)	**antebraţ** (n)	[ante'brats]

| codo (m) | **cot** (n) | [kot] |
| hombro (m) | **umăr** (m) | ['umər] |

pierna (f)	**picior** (n)	[pi'tʃior]
planta (f)	**talpă** (f)	['talpə]
rodilla (f)	**genunchi** (n)	[dʒe'nunkⁱ]
pantorrilla (f)	**pulpă** (f)	['pulpə]

| cadera (f) | **coapsă** (f) | [ko'apsə] |
| talón (m) | **călcâi** (n) | [kəl'kij] |

cuerpo (m)	**corp** (n)	[korp]
vientre (m)	**burtă** (f)	['burtə]
pecho (m)	**piept** (n)	[pjept]
seno (m)	**sân** (m)	[sin]
lado (m), costado (m)	**coastă** (f)	[ko'astə]
espalda (f)	**spate** (n)	['spate]

| zona (f) lumbar | **regiune** (f) **lombară** | [redʒi'une lom'barə] |
| cintura (f), talle (m) | **talie** (f) | ['talie] |

ombligo (m)	**buric** (n)	[bu'rik]
nalgas (f pl)	**fese** (f pl)	['fese]
trasero (m)	**şezut** (n)	[ʃə'zut]

lunar (m)	**aluniţă** (f)	[alu'nitsə]
marca (f) de nacimiento	**semn** (n) **din naştere**	[semn din 'naʃtere]
tatuaje (m)	**tatuaj** (n)	[tatu'aʒ]
cicatriz (f)	**cicatrice** (f)	[tʃika'tritʃe]

63. Las enfermedades

enfermedad (f)	boală (f)	[bo'alə]
estar enfermo	a fi bolnav	[a fi bol'nav]
salud (f)	sănătate (f)	[sənə'tate]
resfriado (m) (coriza)	guturai (n)	[gutu'raj]
angina (f)	anghină (f)	[a'nginə]
resfriado (m)	răceală (f)	[rə'tʃalə]
resfriarse (vr)	a răci	[a rə'tʃi]
bronquitis (f)	bronşită (f)	[bron'ʃitə]
pulmonía (f)	pneumonie (f)	[pneumo'nie]
gripe (f)	gripă (f)	['gripə]
miope (adj)	miop	[mi'op]
présbita (adj)	prezbit	[prez'bit]
estrabismo (m)	strabism (n)	[stra'bism]
estrábico (m) (adj)	saşiu	[sa'ʃiu]
catarata (f)	cataractă (f)	[kata'raktə]
glaucoma (m)	glaucom (n)	[glau'kom]
insulto (m)	congestie (f)	[kon'dʒestie]
ataque (m) cardiaco	infarct (n)	[in'farkt]
infarto (m) de miocardio	infarct (n) miocardic	[in'farkt mio'kardik]
parálisis (f)	paralizie (f)	[parali'zie]
paralizar (vt)	a paraliza	[a parali'za]
alergia (f)	alergie (f)	[aler'dʒie]
asma (f)	astmă (f)	['astmə]
diabetes (f)	diabet (n)	[dia'bet]
dolor (m) de muelas	durere (f) de dinţi	[du'rere de dints]
caries (f)	carie (f)	['karie]
diarrea (f)	diaree (f)	[dia'ree]
estreñimiento (m)	constipaţie (f)	[konsti'patsie]
molestia (f) estomacal	deranjament (n) la stomac	[deranʒa'ment la sto'mak]
envenenamiento (m)	intoxicare (f)	[intoksi'kare]
envenenarse (vr)	a se intoxica	[a se intoksi'ka]
artritis (f)	artrită (f)	[ar'tritə]
raquitismo (m)	rahitism (n)	[rahi'tism]
reumatismo (m)	reumatism (n)	[reuma'tism]
ateroesclerosis (f)	ateroscleroză (f)	[arterioskle'rozə]
gastritis (f)	gastrită (f)	[gas'tritə]
apendicitis (f)	apendicită (f)	[apendi'tʃitə]
colecistitis (f)	colecistită (f)	[koletʃis'titə]
úlcera (f)	ulcer (n)	[ul'tʃer]

sarampión (m)	**pojar**	[po'ʒar]
rubeola (f)	**rubeolă** (f)	[ruʒe'olə]
ictericia (f)	**icter** (n)	['ikter]
hepatitis (f)	**hepatită** (f)	[hepa'titə]
esquizofrenia (f)	**schizofrenie** (f)	[skizofre'nie]
rabia (f) (hidrofobia)	**turbare** (f)	[tur'bare]
neurosis (f)	**nevroză** (f)	[ne'vrozə]
conmoción (f) cerebral	**comoţie** (f) **cerebrală**	[ko'motsie tʃerə'bralə]
cáncer (m)	**cancer** (n)	['kantʃer]
esclerosis (f)	**scleroză** (f)	[skle'rozə]
esclerosis (m) múltiple	**scleroză multiplă** (f)	[skle'rozə mul'tiplə]
alcoholismo (m)	**alcoolism** (n)	[alkoo'lizm]
alcohólico (m)	**alcoolic** (m)	[alko'olik]
sífilis (f)	**sifilis** (n)	['sifilis]
SIDA (m)	**SIDA** (f)	['sida]
tumor (m)	**tumoare** (f)	[tumo'are]
maligno (adj)	**malignă**	[ma'lignə]
benigno (adj)	**benignă**	[be'nignə]
fiebre (f)	**friguri** (n pl)	['frigurʲ]
malaria (f)	**malarie** (f)	[mala'rie]
gangrena (f)	**cangrenă** (f)	[kan'grenə]
mareo (m)	**rău** (n) **de mare**	[rəu de 'mare]
epilepsia (f)	**epilepsie** (f)	[epilep'sie]
epidemia (f)	**epidemie** (f)	[epide'mie]
tifus (m)	**tifos** (n)	['tifos]
tuberculosis (f)	**tuberculoză** (f)	[tuberku'lozə]
cólera (f)	**holeră** (f)	['holerə]
peste (f)	**ciumă** (f)	['tʃiumə]

64. Los síntomas. Los tratamientos. Unidad 1

síntoma (m)	**simptom** (n)	[simp'tom]
temperatura (f)	**temperatură** (f)	[tempera'turə]
fiebre (f)	**febră** (f)	['febrə]
pulso (m)	**puls** (n)	[puls]
mareo (m) (vértigo)	**ameţeală** (f)	[ame'tsʲalə]
caliente (adj)	**fierbinte**	[fier'binte]
escalofrío (m)	**frisoane** (n pl)	[friso'ane]
pálido (adj)	**palid**	['palid]
tos (f)	**tuse** (f)	['tuse]
toser (vi)	**a tuşi**	[a tu'ʃi]
estornudar (vi)	**a strănuta**	[a strənu'ta]

desmayo (m)	**leşin** (n)	[le'ʃin]
desmayarse (vr)	**a leşina**	[a leʃi'na]
moradura (f)	**vânătaie** (f)	[vɪnə'tae]
chichón (m)	**cucui** (n)	[ku'kuj]
golpearse (vr)	**a se lovi**	[a se lo'vi]
magulladura (f)	**contuzie** (f)	[kon'tuzie]
magullarse (vr)	**a se lovi**	[a se lo'vi]
cojear (vi)	**a şchiopăta**	[a ʃkiopə'ta]
dislocación (f)	**luxaţie** (f)	[luk'satsie]
dislocar (vt)	**a luxa**	[a luk'sa]
fractura (f)	**fractură** (f)	[frak'turə]
tener una fractura	**a fractura**	[a fraktu'ra]
corte (m) (tajo)	**tăietură** (f)	[təe'turə]
cortarse (vr)	**a se tăia**	[a se tə'ja]
hemorragia (f)	**sângerare** (f)	[sindʒe'rare]
quemadura (f)	**arsură** (f)	[ar'surə]
quemarse (vr)	**a se frige**	[a se 'fridʒe]
pincharse (~ el dedo)	**a înţepa**	[a intse'pa]
pincharse (vr)	**a se înţepa**	[a s intse'pa]
herir (vt)	**a se răni**	[a se rə'ni]
herida (f)	**vătămare** (f)	[vətə'mare]
lesión (f) (herida)	**rană** (f)	['ranə]
trauma (m)	**traumă** (f)	['traumə]
delirar (vi)	**a delira**	[a deli'ra]
tartamudear (vi)	**a se bâlbâi**	[a se bɨlbi'i]
insolación (f)	**insolaţie** (f)	[inso'latsie]

65. Los síntomas. Los tratamientos. Unidad 2

dolor (m)	**durere** (f)	[du'rere]
astilla (f)	**ghimpe** (m)	['gimpe]
sudor (m)	**transpiraţie** (f)	[transpi'ratsie]
sudar (vi)	**a transpira**	[a transpi'ra]
vómito (m)	**vomă** (f)	['vomə]
convulsiones (f pl)	**convulsii** (f pl)	[kon'vulsij]
embarazada (adj)	**gravidă** (f)	[gra'vidə]
nacer (vi)	**a se naşte**	[a se 'naʃte]
parto (m)	**naştere** (f)	['naʃtere]
dar a luz	**a naşte**	[a 'naʃte]
aborto (m)	**avort** (n)	[a'vort]
respiración (f)	**respiraţie** (f)	[respi'ratsie]
inspiración (f)	**inspiraţie** (f)	[inspi'ratsie]

espiración (f)	expirație (f)	[ekspi'ratsie]
espirar (vi)	a expira	[a ekspi'ra]
inspirar (vi)	a inspira	[a inspi'ra]

inválido (m)	invalid (m)	[inva'lid]
mutilado (m)	infirm (m)	[in'firm]
drogadicto (m)	narcoman (m)	[narko'man]

sordo (adj)	surd	[surd]
mudo (adj)	mut	[mut]
sordomudo (adj)	surdo-mut	[surdo'mut]

loco (adj)	nebun	[ne'bun]
loco (m)	nebun (m)	[ne'bun]
loca (f)	nebună (f)	[ne'bunə]
volverse loco	a înnebuni	[a innebu'ni]

gen (m)	genă (f)	['dʒenə]
inmunidad (f)	imunitate (f)	[imuni'tate]
hereditario (adj)	ereditar	[eredi'tar]
de nacimiento (adj)	congenital	[kondʒeni'tal]

virus (m)	virus (m)	['virus]
microbio (m)	microb (m)	[mi'krob]
bacteria (f)	bacterie (f)	[bak'terie]
infección (f)	infecție (f)	[in'fektsie]

66. Los síntomas. Los tratamientos. Unidad 3

| hospital (m) | spital (n) | [spi'tal] |
| paciente (m) | pacient (m) | [patʃi'ent] |

diagnosis (f)	diagnostic (n)	[diag'nostik]
cura (f)	tratament (n)	[trata'ment]
curarse (vr)	a urma tratament	[a ur'ma trata'ment]
tratar (vt)	a trata	[a tra'ta]
cuidar (a un enfermo)	a îngriji	[a ingri'ʒi]
cuidados (m pl)	îngrijire (f)	[ingri'ʒire]

operación (f)	operație (f)	[ope'ratsie]
vendar (vt)	a pansa	[a pan'sa]
vendaje (m)	pansare (f)	[pan'sare]

vacunación (f)	vaccin (n)	[vak'tʃin]
vacunar (vt)	a vaccina	[a vaktʃi'na]
inyección (f)	injecție (f)	[in'ʒektsie]
aplicar una inyección	a face injecție	[a 'fatʃe in'ʒektsie]

| amputación (f) | amputare (f) | [ampu'tare] |
| amputar (vt) | a amputa | [a ampu'ta] |

coma (m)	**comă** (f)	['komə]
estar en coma	**a fi în comă**	[a fi in 'komə]
revitalización (f)	**reanimare** (f)	[reani'mare]
recuperarse (vr)	**a se vindeca**	[a se vinde'ka]
estado (m) (de salud)	**stare** (f)	['stare]
consciencia (f)	**conştiinţă** (f)	[konʃti'intsə]
memoria (f)	**memorie** (f)	[me'morie]
extraer (un diente)	**a extrage**	[a eks'tradʒe]
empaste (m)	**plombă** (f)	['plombə]
empastar (vt)	**a plomba**	[a plom'ba]
hipnosis (f)	**hipnoză** (f)	[hip'nozə]
hipnotizar (vt)	**a hipnotiza**	[a hipnoti'za]

67. La medicina. Las drogas. Los accesorios

medicamento (m), droga (f)	**medicament** (n)	[medika'ment]
remedio (m)	**remediu** (n)	[re'medju]
receta (f)	**reţetă** (f)	[re'tsetə]
tableta (f)	**pastilă** (f)	[pas'tilə]
ungüento (m)	**unguent** (n)	[ungu'ent]
ampolla (f)	**fiolă** (f)	[fi'olə]
mixtura (f), mezcla (f)	**mixtură** (f)	[miks'turə]
sirope (m)	**sirop** (n)	[si'rop]
píldora (f)	**pilulă** (f)	[pi'lulə]
polvo (m)	**praf** (n)	[praf]
venda (f)	**bandaj** (n)	[ban'daʒ]
algodón (m) (discos de ~)	**vată** (f)	['vatə]
yodo (m)	**iod** (n)	[jod]
tirita (f), curita (f)	**leucoplast** (n)	[leuko'plast]
pipeta (f)	**pipetă** (f)	[pi'petə]
termómetro (m)	**termometru** (n)	[termo'metru]
jeringa (f)	**seringă** (f)	[se'ringə]
silla (f) de ruedas	**cărucior** (n) **pentru invalizi**	[kəru'tʃior 'pentru inva'lizi]
muletas (f pl)	**cârje** (f pl)	['kirʒe]
anestésico (m)	**anestezic** (n)	[anes'tezik]
purgante (m)	**laxativ** (n)	[laksa'tiv]
alcohol (m)	**spirt** (n)	[spirt]
hierba (f) medicinal	**plante** (f pl) **medicinale**	['plante meditʃi'nale]
de hierbas (té ~)	**din plante medicinale**	[din 'plante meditʃi'nale]

EL APARTAMENTO

T&P Books Publishing

68. El apartamento

apartamento (m)	**apartament** (n)	[aparta'ment]
habitación (f)	**cameră** (f)	['kamerə]
dormitorio (m)	**dormitor** (n)	[dormi'tor]
comedor (m)	**sufragerie** (f)	[sufradʒe'rie]
salón (m)	**salon** (n)	[sa'lon]
despacho (m)	**cabinet** (n)	[kabi'net]
antecámara (f)	**antreu** (n)	[an'treu]
cuarto (m) de baño	**baie** (f)	['bae]
servicio (m)	**toaletă** (f)	[toa'letə]
techo (m)	**pod** (n)	[pod]
suelo (m)	**podea** (f)	[po'dʲa]
rincón (m)	**colţ** (n)	[kolts]

69. Los muebles. El interior

muebles (m pl)	**mobilă** (f)	['mobilə]
mesa (f)	**masă** (f)	['masə]
silla (f)	**scaun** (n)	['skaun]
cama (f)	**pat** (n)	[pat]
sofá (m)	**divan** (n)	[di'van]
sillón (m)	**fotoliu** (n)	[fo'tolju]
librería (f)	**dulap** (n) **de cărţi**	[du'lap de kərts]
estante (m)	**raft** (n)	[raft]
armario (m)	**dulap** (n) **de haine**	[du'lap de 'hajne]
percha (f)	**cuier** (n) **perete**	[ku'jer pe'rete]
perchero (m) de pie	**cuier** (n) **pom**	[ku'jer pom]
cómoda (f)	**comodă** (f)	[ko'modə]
mesa (f) de café	**măsuţă** (f)	[mə'sutsə]
espejo (m)	**oglindă** (f)	[og'lində]
tapiz (m)	**covor** (n)	[ko'vor]
alfombra (f)	**carpetă** (f)	[kar'petə]
chimenea (f)	**şemineu** (n)	[ʃəmi'neu]
vela (f)	**lumânare** (f)	[lumɨ'nare]
candelero (m)	**sfeşnic** (n)	['sfeʃnik]
cortinas (f pl)	**draperii** (f pl)	[drape'rij]

empapelado (m)	**tapet** (n)	[ta'pet]
estor (m) de láminas	**jaluzele** (f pl)	[ʒalu'zele]
lámpara (f) de mesa	**lampă** (f) **de birou**	['lampə de bi'rou]
aplique (m)	**lampă** (f)	['lampə]
lámpara (f) de pie	**lampă** (f) **cu picior**	['lampə ku pi'tʃior]
lámpara (f) de araña	**lustră** (f)	['lustrə]
pata (f) (~ de la mesa)	**picior** (n)	[pi'tʃior]
brazo (m)	**braţ** (n) **la fotoliu**	['brats la fo'tolju]
espaldar (m)	**spătar** (n)	[spə'tar]
cajón (m)	**sertar** (n)	[ser'tar]

70. Los accesorios de cama

ropa (f) de cama	**lenjerie** (f)	[lenʒe'rie]
almohada (f)	**pernă** (f)	['pernə]
funda (f)	**faţă** (f) **de pernă**	['fatsə de 'pernə]
manta (f)	**plapumă** (f)	['plapumə]
sábana (f)	**cearşaf** (n)	[tʃar'ʃaf]
sobrecama (f)	**pătură** (f)	[pəturə]

71. La cocina

cocina (f)	**bucătărie** (f)	[bukətə'rie]
gas (m)	**gaz** (n)	[gaz]
cocina (f) de gas	**aragaz** (n)	[ara'gaz]
cocina (f) eléctrica	**plită** (f) **electrică**	['plitə e'lektrikə]
horno (m)	**cuptor** (n)	[kup'tor]
horno (m) microondas	**cuptor** (n) **cu microunde**	[kup'tor ku mikro'unde]
frigorífico (m)	**frigider** (n)	[fridʒi'der]
congelador (m)	**congelator** (n)	[kondʒela'tor]
lavavajillas (m)	**maşină** (f) **de spălat vase**	[ma'ʃinə de spə'lat 'vase]
picadora (f) de carne	**maşină** (f) **de tocat carne**	[ma'ʃinə de to'kat 'karne]
exprimidor (m)	**storcător** (n)	[storkə'tor]
tostador (m)	**prăjitor** (n) **de pâine**	[prəʒi'tor de 'pine]
batidora (f)	**mixer** (n)	['mikser]
cafetera (f) (aparato de cocina)	**fierbător** (n) **de cafea**	[fierbə'tor de ka'fʲa]
cafetera (f) (para servir)	**ibric** (n)	[i'brik]
molinillo (m) de café	**râşniţă** (f) **de cafea**	['riʃnitsə de ka'fʲa]
hervidor (m) de agua	**ceainic** (n)	['tʃajnik]
tetera (f)	**ceainic** (n)	['tʃajnik]
tapa (f)	**capac** (n)	[ka'pak]

colador (m) de té	strecurătoare (f)	[strekurəto'are]
cuchara (f)	lingură (f)	['lingurə]
cucharilla (f)	linguriță (f) de ceai	[lingu'ritsə de tʃaj]
cuchara (f) de sopa	lingură (f)	['lingurə]
tenedor (m)	furculiță (f)	[furku'litsə]
cuchillo (m)	cuțit (n)	[ku'tsit]

vajilla (f)	vase (n pl)	['vase]
plato (m)	farfurie (f)	[farfu'rie]
platillo (m)	farfurioară (f)	[farfurio'arə]

vaso (m) de chupito	păhărel (n)	[pəhə'rel]
vaso (m) (~ de agua)	pahar (n)	[pa'har]
taza (f)	ceaşcă (f)	['tʃaʃkə]

azucarera (f)	zaharniță (f)	[za'harnitsə]
salero (m)	solniță (f)	['solnitsə]
pimentero (m)	piperniță (f)	[pi'pernitsə]
mantequera (f)	untieră (f)	[un'tjerə]

cacerola (f)	cratiță (f)	['kratitsə]
sartén (f)	tigaie (f)	[ti'gae]
cucharón (m)	polonic (n)	[polo'nik]
colador (m)	strecurătoare (f)	[strekurəto'are]
bandeja (f)	tavă (f)	['tavə]

botella (f)	sticlă (f)	['stiklə]
tarro (m) de vidrio	borcan (n)	[bor'kan]
lata (f)	cutie (f)	[ku'tie]

abrebotellas (m)	deschizător (n) de sticle	[deskizə'tor de 'stikle]
abrelatas (m)	deschizător (n) de conserve	[deskizə'tor de kon'serve]
sacacorchos (m)	tirbuşon (n)	[tirbu'ʃon]
filtro (m)	filtru (n)	['filtru]
filtrar (vt)	a filtra	[a fil'tra]

| basura (f) | gunoi (n) | [gu'noj] |
| cubo (m) de basura | coş (n) de gunoi | [koʃ de gu'noj] |

72. El baño

cuarto (m) de baño	baie (f)	['bae]
agua (f)	apă (f)	['apə]
grifo (m)	robinet (n)	[robi'net]
agua (f) caliente	apă (f) fierbinte	['apə fjer'binte]
agua (f) fría	apă (f) rece	['apə 'retʃe]

| pasta (f) de dientes | pastă (f) de dinţi | ['pastə de dintsʲ] |
| limpiarse los dientes | a se spăla pe dinţi | [a se spə'la pe dintsʲ] |

afeitarse (vr)	**a se bărbieri**	[a se bərbie'ri]
espuma (f) de afeitar	**spumă (f) de ras**	['spumə de 'ras]
maquinilla (f) de afeitar	**brici (n)**	['britʃi]

lavar (vt)	**a spăla**	[a spə'la]
darse un baño	**a se spăla**	[a se spə'la]
ducha (f)	**duş (n)**	[duʃ]
darse una ducha	**a face duş**	[a 'fatʃe duʃ]

bañera (f)	**cadă (f)**	['kadə]
inodoro (m)	**closet (n)**	[klo'set]
lavabo (m)	**chiuvetă (f)**	[kju'vetə]

| jabón (m) | **săpun (n)** | [sə'pun] |
| jabonera (f) | **săpunieră (f)** | [səpu'njerə] |

esponja (f)	**burete (n)**	[bu'rete]
champú (m)	**şampon (n)**	[ʃam'pon]
toalla (f)	**prosop (n)**	[pro'sop]
bata (f) de baño	**halat (n)**	[ha'lat]

colada (f), lavado (m)	**spălat (n)**	[spə'lat]
lavadora (f)	**maşină (f) de spălat**	[ma'ʃinə de spə'lat]
lavar la ropa	**a spăla haine**	[a spə'la 'hajne]
detergente (m) en polvo	**detergent (n)**	[deter'dʒent]

73. Los aparatos domésticos

televisor (m)	**televizor (n)**	[televi'zor]
magnetófono (m)	**casetofon (n)**	[kaseto'fon]
vídeo (m)	**videomagnetofon (n)**	[videomagneto'fon]
radio (m)	**aparat (n) de radio**	[apa'rat de 'radio]
reproductor (m) (~ MP3)	**CD player (n)**	[si'di 'pleer]

proyector (m) de vídeo	**proiector (n) video**	[proek'tor 'video]
sistema (m) home cinema	**sistem (n) home cinema**	[sis'tem 'houm 'sinema]
reproductor (m) de DVD	**DVD-player (n)**	[divi'di 'pleer]
amplificador (m)	**amplificator (n)**	[amplifi'kator]
videoconsola (f)	**consolă (f) de jocuri**	[kon'solə de 'ʒokurʲ]

cámara (f) de vídeo	**cameră (f) video**	['kamerə 'video]
cámara (f) fotográfica	**aparat (n) foto**	[apa'rat 'foto]
cámara (f) digital	**aparat (n) foto digital**	[apa'rat 'foto didʒi'tal]

aspirador (m), aspiradora (f)	**aspirator (n)**	[aspira'tor]
plancha (f)	**fier (n) de călcat**	[fier de kəl'kat]
tabla (f) de planchar	**masă (f) de călcat**	['masə de kəl'kat]

| teléfono (m) | **telefon (n)** | [tele'fon] |
| teléfono (m) móvil | **telefon (n) mobil** | [tele'fon mo'bil] |

máquina (f) de escribir	**maşină** (f) **de scris**	[ma'ʃinə de skris]
máquina (f) de coser	**maşină** (f) **de cusut**	[ma'ʃine de ku'sut]
micrófono (m)	**microfon** (n)	[mikro'fon]
auriculares (m pl)	**căşti** (f pl)	[kəʃtʲ]
mando (m) a distancia	**telecomandă** (f)	[teleko'mandə]
CD (m)	**CD** (n)	[si'di]
casete (m)	**casetă** (f)	[ka'setə]
disco (m) de vinilo	**placă** (f)	['plakə]

T&P BOOKS

LA TIERRA. EL TIEMPO

T&P Books Publishing

cosmos (m)	**cosmos** (n)	['kosmos]
espacial, cósmico (adj)	**cosmic**	['kosmik]
espacio (m) cósmico	**spaţiu** (n) **cosmic**	['spatsju 'kosmik]
galaxia (f)	**galaxie** (f)	[galak'sie]
estrella (f)	**stea** (f)	[stʲa]
constelación (f)	**constelaţie** (f)	[konste'latsie]
planeta (m)	**planetă** (f)	[pla'netə]
satélite (m)	**satelit** (m)	[sate'lit]
meteorito (m)	**meteorit** (m)	[meteo'rit]
cometa (m)	**cometă** (f)	[ko'metə]
asteroide (m)	**asteroid** (m)	[astero'id]
órbita (f)	**orbită** (f)	[or'bitə]
girar (vi)	**a se roti**	[a se ro'ti]
atmósfera (f)	**atmosferă** (f)	[atmos'ferə]
Sol (m)	**soare** (n)	[so'are]
sistema (m) solar	**sistem** (n) **solar**	[sis'tem so'lar]
eclipse (m) de Sol	**eclipsă** (f) **de soare**	[ek'lipsə de so'are]
Tierra (f)	**Pământ** (n)	[pə'mint]
Luna (f)	**Lună** (f)	['lunə]
Marte (m)	**Marte** (m)	['marte]
Venus (f)	**Venus** (f)	['venus]
Júpiter (m)	**Jupiter** (m)	['ʒupiter]
Saturno (m)	**Saturn** (m)	[sa'turn]
Mercurio (m)	**Mercur** (m)	[mer'kur]
Urano (m)	**Uranus** (m)	[u'ranus]
Neptuno (m)	**Neptun** (m)	[nep'tun]
Plutón (m)	**Pluto** (m)	['pluto]
la Vía Láctea	**Calea** (f) **Lactee**	['kalʲa lak'tee]
la Osa Mayor	**Ursa** (f) **mare**	['ursa 'mare]
la Estrella Polar	**Steaua** (f) **polară**	['stʲawa po'larə]
marciano (m)	**marţian** (m)	[martsi'an]
extraterrestre (m)	**extraterestru** (m)	[ekstrate'restru]
planetícola (m)	**extraterestru** (m)	[ekstrate'restru]
platillo (m) volante	**farfurie** (f) **zburătoare**	[farfu'rie zburəto'are]
nave (f) espacial	**navă** (f) **spaţială**	['navə spatsi'alə]

| estación (f) orbital | stație (f) orbitală | ['statsie orbi'talə] |
| despegue (m) | start (n) | [start] |

motor (m)	motor (n)	[mo'tor]
tobera (f)	ajutaj (n)	[aʒu'taʒ]
combustible (m)	combustibil (m)	[kombus'tibil]

carlinga (f)	cabină (f)	[ka'binə]
antena (f)	antenă (f)	[an'tenə]
ventana (f)	hublou (n)	[hu'blou]
batería (f) solar	baterie (f) solară	[bate'rie so'larə]
escafandra (f)	scafandru (m)	[ska'fandru]

| ingravidez (f) | imponderabilitate (f) | [imponderabili'tate] |
| oxígeno (m) | oxigen (n) | [oksi'dʒen] |

| atraque (m) | unire (f) | [u'nire] |
| realizar el atraque | a uni | [a u'ni] |

observatorio (m)	observator (n) astronomic	[observa'tor astro'nomik]
telescopio (m)	telescop (n)	[tele'skop]
observar (vt)	a observa	[a obser'va]
explorar (~ el universo)	a cerceta	[a tʃertʃe'ta]

75. La tierra

Tierra (f)	Pământ (n)	[pə'mint]
globo (m) terrestre	globul (n) pământesc	['globul pəmin'tesk]
planeta (m)	planetă (f)	[pla'netə]

atmósfera (f)	atmosferă (f)	[atmos'ferə]
geografía (f)	geografie (f)	[dʒeogra'fie]
naturaleza (f)	natură (f)	[na'turə]

globo (m) terráqueo	glob (n)	[glob]
mapa (m)	hartă (f)	['hartə]
atlas (m)	atlas (n)	[at'las]

Europa (f)	Europa (f)	[eu'ropa]
Asia (f)	Asia (f)	['asia]
África (f)	Africa (f)	['afrika]
Australia (f)	Australia (f)	[au'stralia]

América (f)	America (f)	[a'merika]
América (f) del Norte	America (f) de Nord	[a'merika de nord]
América (f) del Sur	America (f) de Sud	[a'merika de sud]

| Antártida (f) | Antarctida (f) | [antark'tida] |
| Ártico (m) | Arctica (f) | ['arktika] |

76. Los puntos cardinales

norte (m)	**nord** (n)	[nord]
al norte	**la nord**	[la nord]
en el norte	**la nord**	[la nord]
del norte (adj)	**de nord**	[de nord]
sur (m)	**sud** (n)	[sud]
al sur	**la sud**	[la sud]
en el sur	**la sud**	[la sud]
del sur (adj)	**de sud**	[de sud]
oeste (m)	**vest** (n)	[vest]
al oeste	**la vest**	[la vest]
en el oeste	**la vest**	[la vest]
del oeste (adj)	**de vest**	[de vest]
este (m)	**est** (n)	[est]
al este	**la est**	[la est]
en el este	**la est**	[la est]
del este (adj)	**de est**	[de est]

77. El mar. El océano

mar (m)	**mare** (f)	['mare]
océano (m)	**ocean** (n)	[otʃə'an]
golfo (m)	**golf** (n)	[golf]
estrecho (m)	**strâmtoare** (f)	[strimto'are]
continente (m)	**continent** (n)	[konti'nent]
isla (f)	**insulă** (f)	['insulə]
península (f)	**peninsulă** (f)	[pe'ninsulə]
archipiélago (m)	**arhipelag** (n)	[arhipe'lag]
bahía (f)	**golf** (n)	[golf]
ensenada, bahía (f)	**port** (n)	[port]
laguna (f)	**lagună** (f)	[la'gunə]
cabo (m)	**cap** (n)	[kap]
atolón (m)	**atol** (m)	[a'tol]
arrecife (m)	**recif** (m)	[re'tʃif]
coral (m)	**coral** (m)	[ko'ral]
arrecife (m) de coral	**recif** (m) **de corali**	[re'tʃif de ko'ralʲ]
profundo (adj)	**adânc**	[a'dink]
profundidad (f)	**adâncime** (f)	[adin'tʃime]
abismo (m)	**abis** (n)	[a'bis]
fosa (f) oceánica	**groapă** (f)	[gro'apə]
corriente (f)	**curent** (n)	[ku'rent]

bañar (rodear)	**a spăla**	[a spə'la]
orilla (f)	**mal** (n)	[mal]
costa (f)	**litoral** (n)	[lito'ral]
flujo (m)	**flux** (n)	[fluks]
reflujo (m)	**reflux** (n)	[re'fluks]
banco (m) de arena	**banc** (n) **de nisip**	[bank de ni'sip]
fondo (m)	**fund** (n)	[fund]
ola (f)	**val** (n)	[val]
cresta (f) de la ola	**creasta** (f) **valului**	['krʲasta 'valuluj]
espuma (f)	**spumă** (f)	['spumə]
tempestad (f)	**furtună** (f)	[fur'tunə]
huracán (m)	**uragan** (m)	[ura'gan]
tsunami (m)	**tsunami** (n)	[ʦu'nami]
bonanza (f)	**timp** (n) **calm**	[timp kalm]
calmo, tranquilo	**liniştit**	[liniʃ'tit]
polo (m)	**pol** (n)	[pol]
polar (adj)	**polar**	[po'lar]
latitud (f)	**longitudine** (f)	[londʒi'tudine]
longitud (f)	**latitudine** (f)	[lati'tudine]
paralelo (m)	**paralelă** (f)	[para'lelə]
ecuador (m)	**ecuator** (n)	[ekua'tor]
cielo (m)	**cer** (n)	[ʧer]
horizonte (m)	**orizont** (n)	[ori'zont]
aire (m)	**aer** (n)	['aer]
faro (m)	**far** (n)	[far]
bucear (vi)	**a se scufunda**	[a se skufun'da]
hundirse (vr)	**a se duce la fund**	[a se duʧe lʲa fund]
tesoros (m pl)	**comoară** (f)	[komo'arə]

78. Los nombres de los mares y los océanos

océano (m) Atlántico	**Oceanul** (n) **Atlantic**	[oʧə'anul at'lantik]
océano (m) Índico	**Oceanul** (n) **Indian**	[oʧə'anul indi'an]
océano (m) Pacífico	**Oceanul** (n) **Pacific**	[oʧə'anul pa'ʧifik]
océano (m) Glacial Ártico	**Oceanul** (n) **Îngheţat de Nord**	[oʧə'anul inge'ʦat de nord]
mar (m) Negro	**Marea** (f) **Neagră**	['marʲa 'nʲagrə]
mar (m) Rojo	**Marea** (f) **Roşie**	['marʲa 'roʃie]
mar (m) Amarillo	**Marea** (f) **Galbenă**	['marʲa 'galbenə]
mar (m) Blanco	**Marea** (f) **Albă**	['marʲa 'albə]
mar (m) Caspio	**Marea** (f) **Caspică**	['marʲa 'kaspikə]
mar (m) Muerto	**Marea** (f) **Moartă**	['marʲa mo'artə]

mar (m) Mediterráneo	**Marea** (f) **Mediterană**	['marʲa medite'ranə]
mar (m) Egeo	**Marea** (f) **Egee**	['marʲa e'dʒee]
mar (m) Adriático	**Marea** (f) **Adriatică**	['marʲa adri'atikə]
mar (m) Arábigo	**Marea** (f) **Arabiei**	['marʲa a'rabiej]
mar (m) del Japón	**Marea** (f) **Japoneză**	['marʲa ʒapo'nezə]
mar (m) de Bering	**Marea** (f) **Bering**	['marʲa 'bering]
mar (m) de la China Meridional	**Marea** (f) **Chinei de Sud**	['marʲa 'kinej de sud]
mar (m) del Coral	**Marea** (f) **Coral**	['marʲa ko'ral]
mar (m) de Tasmania	**Marea** (f) **Tasmaniei**	['marʲa tas'maniej]
mar (m) Caribe	**Marea** (f) **Caraibelor**	['marʲa kara'ibelor]
mar (m) de Barents	**Marea** (f) **Barents**	['marʲa ba'rents]
mar (m) de Kara	**Marea** (f) **Kara**	['marʲa 'kara]
mar (m) del Norte	**Marea** (f) **Nordului**	['marʲa 'norduluj]
mar (m) Báltico	**Marea** (f) **Baltică**	['marʲa 'baltikə]
mar (m) de Noruega	**Marea** (f) **Norvegiei**	['marʲa nor'vedʒiej]

79. Las montañas

montaña (f)	**munte** (m)	['munte]
cadena (f) de montañas	**lanț** (n) **muntos**	[lants mun'tos]
cresta (f) de montañas	**lanț** (n) **de munți**	[lants de munts]
cima (f)	**vârf** (n)	[virf]
pico (m)	**culme** (f)	['kulme]
pie (m)	**poale** (f pl)	[po'ale]
cuesta (f)	**pantă** (f)	['pantə]
volcán (m)	**vulcan** (n)	[vul'kan]
volcán (m) activo	**vulcan** (n) **activ**	[vul'kan ak'tiv]
volcán (m) apagado	**vulcan** (n) **stins**	[vul'kan stins]
erupción (f)	**erupție** (f)	[e'ruptsie]
cráter (m)	**crater** (n)	['krater]
magma (m)	**magmă** (f)	['magmə]
lava (f)	**lavă** (f)	['lavə]
fundido (lava ~a)	**încins**	[ɨn'tʃins]
cañón (m)	**canion** (n)	[kani'on]
desfiladero (m)	**defileu** (n)	[defi'leu]
grieta (f)	**pas** (n)	[pas]
puerto (m) (paso)	**trecătoare** (f)	[trekəto'are]
meseta (f)	**podiș** (n)	[po'diʃ]
roca (f)	**stâncă** (f)	['stɨnkə]
colina (f)	**deal** (n)	['dʲal]

glaciar (m)	ghețar (m)	[ge'ʦar]
cascada (f)	cascadă (f)	[kas'kadə]
geiser (m)	gheizer (m)	['gejzer]
lago (m)	lac (n)	[lak]

llanura (f)	șes (n)	[ʃəs]
paisaje (m)	peisaj (n)	[pej'saʒ]
eco (m)	ecou (n)	[e'kou]

alpinista (m)	alpinist (m)	[alpi'nist]
escalador (m)	cățărător (m)	[kəʦərə'tor]
conquistar (vt)	a cuceri	[a kuʧe'ri]
ascensión (f)	ascensiune (f)	[asʧensi'une]

80. Los nombres de las montañas

Alpes (m pl)	Alpi (m pl)	['alpʲ]
Montblanc (m)	Mont Blanc (m)	[mon 'blan]
Pirineos (m pl)	Pirinei (m)	[piri'nej]

Cárpatos (m pl)	Carpați (m pl)	[kar'paʦʲ]
Urales (m pl)	Munții (m pl) Ural	['munʦij u'ral]
Cáucaso (m)	Caucaz (m)	[kau'kaz]
Elbrus (m)	Elbrus (m)	['elbrus]

Altai (m)	Altai (m)	[al'taj]
Tian-Shan (m)	Tian-Șan (m)	['tjan 'ʃan]
Pamir (m)	Pamir (m)	[pa'mir]
Himalayos (m pl)	Himalaya	[hima'laja]
Everest (m)	Everest (m)	[eve'rest]

| Andes (m pl) | Anzi | ['anzʲ] |
| Kilimanjaro (m) | Kilimanjaro (m) | [kiliman'ʒaro] |

81. Los ríos

río (m)	râu (n)	['riu]
manantial (m)	izvor (n)	[iz'vor]
lecho (m) (curso de agua)	matcă (f)	['matkə]
cuenca (f) fluvial	bazin (n)	[ba'zin]
desembocar en …	a se vărsa	[a se vər'sa]

| afluente (m) | afluent (m) | [aflu'ent] |
| ribera (f) | mal (n) | [mal] |

corriente (f)	curs (n)	[kurs]
río abajo (adv)	în josul apei	[in 'ʒosul 'apej]
río arriba (adv)	în susul apei	[in 'susul 'apej]

inundación (f)	**inundaţie** (f)	[inun'datsie]
riada (f)	**revărsare** (f) **a apelor**	[rever'sare a 'apelor]
desbordarse (vr)	**a se revărsa**	[a se rever'sa]
inundar (vt)	**a inunda**	[a inun'da]
bajo (m) arenoso	**banc** (n) **de nisip**	[bank de ni'sip]
rápido (m)	**prag** (n)	[prag]
presa (f)	**baraj** (n)	[ba'raʒ]
canal (m)	**canal** (n)	[ka'nal]
lago (m) artificiale	**bazin** (n)	[ba'zin]
esclusa (f)	**ecluză** (f)	[e'kluzə]
cuerpo (m) de agua	**bazin** (n)	[ba'zin]
pantano (m)	**mlaştină** (f)	['mlaʃtinə]
ciénaga (f)	**mlaştină** (f), **smârc** (n)	['mlaʃtinə], [smirk]
remolino (m)	**vârtej** (n) **de apă**	[vir'teʒ de 'apə]
arroyo (m)	**pârâu** (n)	[pi'riu]
potable (adj)	**potabil**	[po'tabil]
dulce (agua ~)	**nesărat**	[nese'rat]
hielo (m)	**gheaţă** (f)	['gʲatsə]
helarse (el lago, etc.)	**a îngheţa**	[a inge'tsa]

82. Los nombres de los ríos

Sena (m)	**Sena** (f)	['sena]
Loira (m)	**Loara** (f)	[lo'ara]
Támesis (m)	**Tamisa** (f)	[ta'misa]
Rin (m)	**Rin** (m)	[rin]
Danubio (m)	**Dunăre** (f)	['dunərə]
Volga (m)	**Volga** (f)	['volga]
Don (m)	**Don** (m)	[don]
Lena (m)	**Lena** (f)	['lena]
Río (m) Amarillo	**Huang He** (m)	[huan 'he]
Río (m) Azul	**Yangtze** (m)	[jants'zi]
Mekong (m)	**Mekong** (m)	[me'kong]
Ganges (m)	**Gang** (m)	[gang]
Nilo (m)	**Nil** (m)	[nil]
Congo (m)	**Congo** (m)	['kongo]
Okavango (m)	**Okavango** (m)	[oka'vango]
Zambeze (m)	**Zambezi** (m)	[zam'bezi]
Limpopo (m)	**Limpopo** (m)	[limpo'po]
Misisipi (m)	**Mississippi** (m)	[misi'sipi]

83. El bosque

bosque (m)	**pădure** (f)	[pə'dure]
de bosque (adj)	**de pădure**	[de pə'dure]
espesura (f)	**desiş** (n)	[de'siʃ]
bosquecillo (m)	**pădurice** (f)	[pədu'ritʃe]
claro (m)	**poiană** (f)	[po'janə]
maleza (f)	**tufiş** (n)	[tu'fiʃ]
matorral (m)	**arbust** (m)	[ar'bust]
senda (f)	**cărare** (f)	[kə'rare]
barranco (m)	**râpă** (f)	['ripə]
árbol (m)	**copac** (m)	[ko'pak]
hoja (f)	**frunză** (f)	['frunzə]
follaje (m)	**frunziş** (n)	[frun'ziʃ]
caída (f) de hojas	**cădere** (f) **a frunzelor**	[kə'dere a 'frunzelor]
caer (las hojas)	**a cădea**	[a kə'dʲa]
cima (f)	**vârf** (n)	[virf]
rama (f)	**ramură** (f)	['ramurə]
rama (f) (gruesa)	**creangă** (f)	['krʲangə]
brote (m)	**mugur** (m)	['mugur]
aguja (f)	**ac** (n)	[ak]
piña (f)	**con** (n)	[kon]
agujero (m)	**scorbură** (f)	['skorburə]
nido (m)	**cuib** (n)	[kujb]
tronco (m)	**trunchi** (n)	[trunkʲ]
raíz (f)	**rădăcină** (f)	[rədə'tʃinə]
corteza (f)	**scoarţă** (f)	[sko'arʦə]
musgo (m)	**muşchi** (m)	[muʃkʲ]
extirpar (vt)	**a defrişa**	[a defri'ʃa]
talar (vt)	**a tăia**	[a tə'ja]
deforestar (vt)	**a doborî**	[a dobo'ri]
tocón (m)	**buturugă** (f)	[butu'rugə]
hoguera (f)	**foc** (n)	[fok]
incendio (m) forestal	**incendiu** (n)	[in'tʃendju]
apagar (~ el incendio)	**a stinge**	[a 'stindʒe]
guarda (m) forestal	**pădurar** (m)	[pədu'rar]
protección (f)	**protecţie** (f)	[pro'tektsie]
proteger (vt)	**a ocroti**	[a okro'ti]
cazador (m) furtivo	**braconier** (m)	[brako'njer]
cepo (m)	**capcană** (f)	[kap'kanə]

| recoger (setas, bayas) | **a strânge** | [a 'strindʒe] |
| perderse (vr) | **a se rătăci** | [a se rətə'tʃi] |

84. Los recursos naturales

recursos (m pl) naturales	**resurse** (f pl) **naturale**	[re'surse natu'rale]
recursos (m pl) subterráneos	**bogății** (f pl) **minerale**	[bogə'tsij mine'rale]
depósitos (m pl)	**depozite** (n pl)	[de'pozite]
yacimiento (m)	**zăcământ** (n)	[zəkə'mint]
extraer (vt)	**a extrage**	[a eks'tradʒe]
extracción (f)	**obținere** (f)	[ob'tsinere]
mena (f)	**minereu** (n)	[mine'reu]
mina (f)	**mină** (f)	['minə]
pozo (m) de mina	**puț** (n)	['puts]
minero (m)	**miner** (m)	[mi'ner]
gas (m)	**gaz** (n)	[gaz]
gasoducto (m)	**conductă** (f) **de gaze**	[kon'duktə de 'gaze]
petróleo (m)	**petrol** (n)	[pe'trol]
oleoducto (m)	**conductă** (f) **de petrol**	[kon'duktə de pe'trol]
pozo (m) de petróleo	**sondă** (f) **de țitei** (n)	['sondə de tsi'tsej]
torre (f) de sondeo	**turlă** (f) **de foraj**	['turlə de fo'raʒ]
petrolero (m)	**tanc** (n) **petrolier**	['tank petro'ljer]
arena (f)	**nisip** (n)	[ni'sip]
caliza (f)	**calcar** (n)	[kal'kar]
grava (f)	**pietriș** (n)	[pe'triʃ]
turba (f)	**turbă** (f)	['turbə]
arcilla (f)	**argilă** (f)	[ar'dʒilə]
carbón (m)	**cărbune** (m)	[kər'bune]
hierro (m)	**fier** (m)	[fier]
oro (m)	**aur** (n)	['aur]
plata (f)	**argint** (n)	[ar'dʒint]
níquel (m)	**nichel** (n)	['nikel]
cobre (m)	**cupru** (n)	['kupru]
zinc (m)	**zinc** (n)	[zink]
manganeso (m)	**mangan** (n)	[man'gan]
mercurio (m)	**mercur** (n)	[mer'kur]
plomo (m)	**plumb** (n)	[plumb]
mineral (m)	**mineral** (n)	[mine'ral]
cristal (m)	**cristal** (n)	[kris'tal]
mármol (m)	**marmură** (f)	['marmurə]
uranio (m)	**uraniu** (n)	[u'ranju]

85. El tiempo

tiempo (m)	timp (n)	[timp]
previsión (f) del tiempo	prognoză (f) meteo	[prog'nozə 'meteo]
temperatura (f)	temperatură (f)	[tempera'turə]
termómetro (m)	termometru (n)	[termo'metru]
barómetro (m)	barometru (n)	[baro'metru]

humedad (f)	umiditate (f)	[umidi'tate]
bochorno (m)	caniculă (f)	[ka'nikulə]
tórrido (adj)	fierbinte	[fier'binte]
hace mucho calor	e foarte cald	[e fo'arte kald]

| hace calor (templado) | e cald | [e kald] |
| templado (adj) | cald | [kald] |

| hace frío | e frig | [e frig] |
| frío (adj) | rece | ['retʃe] |

sol (m)	soare (n)	[so'are]
brillar (vi)	a străluci	[a strəlu'tʃi]
soleado (un día ~)	însorit	[inso'rit]
elevarse (el sol)	a răsări	[a rəsə'ri]
ponerse (vr)	a apune	[a a'pune]
nube (f)	nor (m)	[nor]
nuboso (adj)	înnorat	[inno'rat]
nubarrón (m)	nor (m)	[nor]
nublado (adj)	mohorât	[moho'rit]

lluvia (f)	ploaie (f)	[plo'ae]
está lloviendo	plouă	['plowə]
lluvioso (adj)	ploios	[plo'jos]
lloviznar (vi)	a bura	[a bu'ra]

aguacero (m)	ploaie (f) torențială	[plo'ae toren'tsjalə]
chaparrón (m)	rupere (f) de nori	['rupere de 'nor]
fuerte (la lluvia ~)	puternic	[pu'ternik]
charco (m)	băltoacă (f)	[bəlto'akə]
mojarse (vr)	a se uda	[a se u'da]

niebla (f)	ceață (f)	['tʃatsə]
nebuloso (adj)	cețos	[tʃe'tsos]
nieve (f)	zăpadă (f)	[zə'padə]
está nevando	ninge	['nindʒe]

86. Los eventos climáticos severos. Los desastres naturales

| tormenta (f) | furtună (f) | [fur'tunə] |
| relámpago (m) | fulger (n) | ['fuldʒer] |

relampaguear (vi)	**a fulgera**	[a fuldʒe'ra]
trueno (m)	**tunet** (n)	['tunet]
tronar (vi)	**a tuna**	[a tu'na]
está tronando	**tună**	['tunə]
granizo (m)	**grindină** (f)	[grin'dinə]
está granizando	**plouă cu gheață**	['plowə ku 'giatsə]
inundar (vt)	**a inunda**	[a inun'da]
inundación (f)	**inundație** (f)	[inun'datsie]
terremoto (m)	**cutremur** (n)	[ku'tremur]
sacudida (f)	**zguduire** (f)	[zgudu'ire]
epicentro (m)	**epicentru** (m)	[epi'tʃentru]
erupción (f)	**erupție** (f)	[e'ruptsie]
lava (f)	**lavă** (f)	['lavə]
torbellino (m)	**vârtej** (n)	[vir'teʒ]
tornado (m)	**tornadă** (f)	[tor'nadə]
tifón (m)	**taifun** (n)	[taj'fun]
huracán (m)	**uragan** (m)	[ura'gan]
tempestad (f)	**furtună** (f)	[fur'tunə]
tsunami (m)	**tsunami** (n)	[tsu'nami]
ciclón (m)	**ciclon** (m)	[tʃi'klon]
mal tiempo (m)	**vreme** (f) **rea**	['vreme ria]
incendio (m)	**incendiu** (n)	[in'tʃendju]
catástrofe (f)	**catastrofă** (f)	[katas'trofə]
meteorito (m)	**meteorit** (m)	[meteo'rit]
avalancha (f)	**avalanșă** (f)	[ava'lanʃə]
alud (m) de nieve	**prăbușire** (f)	[prəbu'ʃire]
ventisca (f)	**viscol** (n)	['viskol]
nevasca (f)	**viscol** (n)	['viskol]

LA FAUNA

T&P Books Publishing

87. Los mamíferos. Los predadores

carnívoro (m)	**prădător** (n)	[prədə'tor]
tigre (m)	**tigru** (m)	['tigru]
león (m)	**leu** (m)	['leu]
lobo (m)	**lup** (m)	[lup]
zorro (m)	**vulpe** (f)	['vulpe]
jaguar (m)	**jaguar** (m)	[ʒagu'ar]
leopardo (m)	**leopard** (m)	[leo'pard]
guepardo (m)	**ghepard** (m)	[ge'pard]
pantera (f)	**panteră** (f)	[pan'terə]
puma (f)	**pumă** (f)	['pumə]
leopardo (m) de las nieves	**ghepard** (m)	[ge'pard]
lince (m)	**râs** (m)	[ris]
coyote (m)	**coiot** (m)	[ko'jot]
chacal (m)	**şacal** (m)	[ʃa'kal]
hiena (f)	**hienă** (f)	[hi'enə]

88. Los animales salvajes

animal (m)	**animal** (n)	[ani'mal]
bestia (f)	**animal** (n) **sălbatic**	[ani'mal səl'batik]
ardilla (f)	**veveriţă** (f)	[veve'ritsə]
erizo (m)	**arici** (m)	[a'ritʃi]
liebre (f)	**iepure** (m)	['jepure]
conejo (m)	**iepure** (m) **de casă**	['jepure de 'kasə]
tejón (m)	**bursuc** (m)	[bur'suk]
mapache (m)	**enot** (m)	[e'not]
hámster (m)	**hârciog** (m)	[hir'tʃiog]
marmota (f)	**marmotă** (f)	[mar'motə]
topo (m)	**cârtiţă** (f)	['kirtitsə]
ratón (m)	**şoarece** (m)	[ʃo'aretʃe]
rata (f)	**şobolan** (m)	[ʃobo'lan]
murciélago (m)	**liliac** (m)	[lili'ak]
armiño (m)	**hermină** (f)	[her'minə]
cebellina (f)	**samur** (m)	[sa'mur]
marta (f)	**jder** (m)	[ʒder]

| comadreja (f) | nevăstuică (f) | [nevəs'tujkə] |
| visón (m) | nurcă (f) | ['nurkə] |

| castor (m) | castor (m) | ['kastor] |
| nutria (f) | vidră (f) | ['vidrə] |

caballo (m)	cal (m)	[kal]
alce (m)	elan (m)	[e'lan]
ciervo (m)	cerb (m)	[ʧerb]
camello (m)	cămilă (f)	[kə'milə]

bisonte (m)	bizon (m)	[bi'zon]
uro (m)	zimbru (m)	['zimbru]
búfalo (m)	bivol (m)	['bivol]

cebra (f)	zebră (f)	['zebrə]
antílope (m)	antilopă (f)	[anti'lopə]
corzo (m)	căprioară (f)	[kəprio'arə]
gamo (m)	ciută (f)	['ʧiutə]
gamuza (f)	capră (f) neagră	['kaprə 'nʲagrə]
jabalí (m)	mistreț (m)	[mis'treʦ]

ballena (f)	balenă (f)	[ba'lenə]
foca (f)	focă (f)	['fokə]
morsa (f)	morsă (f)	['morsə]
oso (m) marino	urs (m) de mare	[urs de 'mare]
delfín (m)	delfin (m)	[del'fin]

oso (m)	urs (m)	[urs]
oso (m) blanco	urs (m) polar	[urs po'lar]
panda (f)	panda (m)	['panda]

mono (m)	maimuță (f)	[maj'muʦə]
chimpancé (m)	cimpanzeu (m)	[ʧimpan'zeu]
orangután (m)	urangutan (m)	[urangu'tan]
gorila (m)	gorilă (f)	[go'rilə]
macaco (m)	macac (m)	[ma'kak]
gibón (m)	gibon (m)	[ʤi'bon]

| elefante (m) | elefant (m) | [ele'fant] |
| rinoceronte (m) | rinocer (m) | [rino'ʧer] |

| jirafa (f) | girafă (f) | [ʤi'rafə] |
| hipopótamo (m) | hipopotam (m) | [hipopo'tam] |

| canguro (m) | cangur (m) | ['kangur] |
| koala (f) | koala (f) | [ko'ala] |

mangosta (f)	mangustă (f)	[man'gustə]
chinchilla (f)	şinşilă (f)	[ʃin'ʃilə]
mofeta (f)	sconcs (m)	[skonks]
espín (m)	porc (m) spinos	[pork spi'nos]

89. Los animales domésticos

gata (f)	**pisică** (f)	[pi'sikə]
gato (m)	**motan** (m)	[mo'tan]
caballo (m)	**cal** (m)	[kal]
garañón (m)	**armăsar** (m)	[armə'sar]
yegua (f)	**iapă** (f)	['japə]
vaca (f)	**vacă** (f)	['vakə]
toro (m)	**taur** (m)	['taur]
buey (m)	**bou** (m)	['bou]
oveja (f)	**oaie** (f)	[o'ae]
carnero (m)	**berbec** (m)	[ber'bek]
cabra (f)	**capră** (f)	['kaprə]
cabrón (m)	**ţap** (m)	[ʦap]
asno (m)	**măgar** (m)	[mə'gar]
mulo (m)	**catâr** (m)	[ka'tir]
cerdo (m)	**porc** (m)	[pork]
cerdito (m)	**purcel** (m)	[pur'ʧel]
conejo (m)	**iepure** (m) **de casă**	['jepure de 'kasə]
gallina (f)	**găină** (f)	[gə'inə]
gallo (m)	**cocoş** (m)	[ko'koʃ]
pato (m)	**raţă** (f)	['raʦə]
ánade (m)	**răţoi** (m)	[rə'ʦoj]
ganso (m)	**gâscă** (f)	['giskə]
pavo (m)	**curcan** (m)	[kur'kan]
pava (f)	**curcă** (f)	['kurkə]
animales (m pl) domésticos	**animale** (n pl) **domestice**	[ani'male do'mestiʧe]
domesticado (adj)	**domestic**	[do'mestik]
domesticar (vt)	**a domestici**	[a domesti'ʧi]
criar (vt)	**a creşte**	[a 'kreʃte]
granja (f)	**fermă** (f)	['fermə]
aves (f pl) de corral	**păsări** (f pl) **de curte**	[pəsərʲ de 'kurte]
ganado (m)	**vite** (f pl)	['vite]
rebaño (m)	**turmă** (f)	['turmə]
caballeriza (f)	**grajd** (n)	[graʒd]
porqueriza (f)	**cocină** (f) **de porci**	[ko'ʧinə de 'porʧi]
vaquería (f)	**grajd** (n) **pentru vaci**	['graʒd 'pentru 'vaʧi]
conejal (m)	**cuşcă** (f) **pentru iepuri**	['kuʃkə 'pentru 'epurʲ]
gallinero (m)	**coteţ** (n) **de găini**	[ko'teʦ de gə'inʲ]

90. Los pájaros

pájaro (m)	pasăre (f)	['pasərə]
paloma (f)	porumbel (m)	[porum'bel]
gorrión (m)	vrabie (f)	['vrabie]
carbonero (m)	pițigoi (m)	[pitsi'goj]
urraca (f)	coțofană (f)	[kotso'fanə]
cuervo (m)	corb (m)	[korb]
corneja (f)	cioară (f)	[tʃio'arə]
chova (f)	stancă (f)	['stankə]
grajo (m)	cioară (f) de câmp	[tʃio'arə de 'kɨmp]
pato (m)	rață (f)	['ratsə]
ganso (m)	gâscă (f)	['giskə]
faisán (m)	fazan (m)	[fa'zan]
águila (f)	acvilă (f)	['akvilə]
azor (m)	uliu (m)	['ulju]
halcón (m)	șoim (m)	[ʃojm]
buitre (m)	vultur (m)	['vultur]
cóndor (m)	condor (m)	[kon'dor]
cisne (m)	lebădă (f)	['lebədə]
grulla (f)	cocor (m)	[ko'kor]
cigüeña (f)	cocostârc (m)	[kokos'tɨrk]
loro (m), papagayo (m)	papagal (m)	[papa'gal]
colibrí (m)	pasărea (f) colibri	['pasərʲa ko'libri]
pavo (m) real	păun (m)	[pə'un]
avestruz (m)	struț (m)	[strutʃ]
garza (f)	stârc (m)	[stɨrk]
flamenco (m)	flamingo (m)	[fla'mingo]
pelícano (m)	pelican (m)	[peli'kan]
ruiseñor (m)	privighetoare (f)	[privigeto'are]
golondrina (f)	rândunică (f)	[rindu'nikə]
tordo (m)	mierlă (f)	['merlə]
zorzal (m)	sturz-cântător (m)	[sturz kintə'tor]
mirlo (m)	mierlă (f) sură	['merlə 'surə]
vencejo (m)	lăstun (m)	[ləs'tun]
alondra (f)	ciocârlie (f)	[tʃiokir'lie]
codorniz (f)	prepeliță (f)	[prepe'litsə]
pájaro carpintero (m)	ciocănitoare (f)	[tʃiokənito'are]
cuco (m)	cuc (m)	[kuk]
lechuza (f)	bufniță (f)	['bufnitsə]
búho (m)	buha mare (f)	['buhə 'mare]

urogallo (m)	**cocoş** (m) **de munte**	[ko'koʃ de 'munte]
gallo lira (m)	**cocoş** (m) **sălbatic**	[ko'koʃ səlba'tik]
perdiz (f)	**potârniche** (f)	[potir'nike]
estornino (m)	**graur** (m)	['graur]
canario (m)	**canar** (m)	[ka'nar]
ortega (f)	**găinuşă de alun** (f)	[gəi'nuʃə de a'lun]
pinzón (m)	**cinteză** (f)	[tʃin'tezə]
camachuelo (m)	**botgros** (m)	[bot'gros]
gaviota (f)	**pescăruş** (m)	[peskə'ruʃ]
albatros (m)	**albatros** (m)	[alba'tros]
pingüino (m)	**pinguin** (m)	[pigu'in]

91. Los peces. Los animales marinos

brema (f)	**plătică** (f)	[plə'tikə]
carpa (f)	**crap** (m)	[krap]
perca (f)	**biban** (m)	[bi'ban]
siluro (m)	**somn** (m)	[somn]
lucio (m)	**ştiucă** (f)	['ʃtjukə]
salmón (m)	**somon** (m)	[so'mon]
esturión (m)	**nisetru** (m)	[ni'setru]
arenque (m)	**scrumbie** (f)	[skrum'bie]
salmón (m) del Atlántico	**somon** (m)	[so'mon]
caballa (f)	**macrou** (n)	[ma'krou]
lenguado (m)	**cambulă** (f)	[kam'bulə]
lucioperca (f)	**şalău** (m)	[ʃa'ləu]
bacalao (m)	**batog** (m)	[ba'tog]
atún (m)	**ton** (m)	[ton]
trucha (f)	**păstrăv** (m)	[pəs'trəv]
anguila (f)	**ţipar** (m)	[tsi'par]
raya (f) eléctrica	**peşte-torpilă** (m)	['peʃte tor'pilə]
morena (f)	**murenă** (f)	[mu'renə]
piraña (f)	**piranha** (f)	[pi'ranija]
tiburón (m)	**rechin** (m)	[re'kin]
delfín (m)	**delfin** (m)	[del'fin]
ballena (f)	**balenă** (f)	[ba'lenə]
centolla (f)	**crab** (m)	[krab]
medusa (f)	**meduză** (f)	[me'duzə]
pulpo (m)	**caracatiţă** (f)	[kara'katitsə]
estrella (f) de mar	**stea de mare** (f)	[st'a de 'mare]
erizo (m) de mar	**arici de mare** (m)	[a'ritʃi de 'mare]

caballito (m) de mar	căluț (m) de mare (f)	[ka'luʦ de 'mare]
ostra (f)	stridie (f)	['stridie]
camarón (m)	crevetă (f)	[kre'vetə]
bogavante (m)	stacoj (m)	[sta'koʒ]
langosta (f)	langustă (f)	[lan'gustə]

92. Los anfibios. Los reptiles

serpiente (f)	şarpe (m)	['ʃarpe]
venenoso (adj)	veninos	[veni'nos]
víbora (f)	viperă (f)	['viperə]
cobra (f)	cobră (f)	['kobrə]
pitón (m)	piton (m)	[pi'ton]
boa (f)	şarpe (m) boa	['ʃarpe bo'a]
culebra (f)	şarpe (m) de casă	['ʃarpe de 'kasə]
serpiente (m) de cascabel	şarpe (m) cu clopoței	['ʃarpe ku klopo'ʦej]
anaconda (f)	anacondă (f)	[ana'kondə]
lagarto (m)	şopârlă (f)	[ʃo'pirlə]
iguana (f)	iguană (f)	[igu'anə]
varano (m)	şopârlă (f)	[ʃo'pirlə]
salamandra (f)	salamandră (f)	[sala'mandrə]
camaleón (m)	cameleon (m)	[kamele'on]
escorpión (m)	scorpion (m)	[skorpi'on]
tortuga (f)	broască (f) țestoasă	[bro'askə ʦesto'asə]
rana (f)	broască (f)	[bro'askə]
sapo (m)	broască (f) râioasă	[bro'askə rijo'asə]
cocodrilo (m)	crocodil (m)	[kroko'dil]

93. Los insectos

insecto (m)	insectă (f)	[in'sektə]
mariposa (f)	fluture (m)	['fluture]
hormiga (f)	furnică (f)	[fur'nikə]
mosca (f)	muscă (f)	['muskə]
mosquito (m) (picadura de ~)	țânțar (m)	[ʦin'ʦar]
escarabajo (m)	gândac (m)	[gin'dak]
avispa (f)	viespe (f)	['vespe]
abeja (f)	albină (f)	[al'binə]
abejorro (m)	bondar (m)	[bon'dar]
moscardón (m)	tăun (m)	[tə'un]
araña (f)	păianjen (m)	[pə'janʒen]
telaraña (f)	pânză (f) de păianjen	['pinzə de pə'janʒen]

libélula (f)	**libelulă** (f)	[libe'lulə]
saltamontes (m)	**greier** (m)	['greer]
mariposa (f) nocturna	**fluture** (m)	['fluture]
cucaracha (f)	**gândac** (m)	[gin'dak]
garrapata (f)	**căpuşă** (f)	[kə'puʃə]
pulga (f)	**purice** (m)	['puritʃe]
mosca (f) negra	**musculiţă** (f)	[musku'litsə]
langosta (f)	**lăcustă** (f)	[lə'kustə]
caracol (m)	**melc** (m)	[melk]
grillo (m)	**greier** (m)	['greer]
luciérnaga (f)	**licurici** (m)	[liku'ritʃi]
mariquita (f)	**buburuză** (f)	[bubu'ruzə]
sanjuanero (m)	**cărăbuş** (m)	[kərə'buʃ]
sanguijuela (f)	**lipitoare** (f)	[lipito'are]
oruga (f)	**omidă** (f)	[o'midə]
lombriz (m) de tierra	**vierme** (m)	['verme]
larva (f)	**larvă** (f)	['larvə]

T&p BOOKS

LA FLORA

T&P Books Publishing

árbol (m)	copac (m)	[ko'pak]
foliáceo (adj)	foios	[fo'jos]
conífero (adj)	conifer	[koni'fere]
de hoja perenne	veşnic verde	['veʃnik 'verde]
manzano (m)	măr (m)	[mər]
peral (m)	păr (m)	[pər]
cerezo (m)	cireş (m)	[ʧi'reʃ]
guindo (m)	vişin (m)	['viʃin]
ciruelo (m)	prun (m)	[prun]
abedul (m)	mesteacăn (m)	[mes'tʲakən]
roble (m)	stejar (m)	[ste'ʒar]
tilo (m)	tei (m)	[tej]
pobo (m)	plop tremurător (m)	['plop tremure'tor]
arce (m)	arţar (m)	[ar'tsar]
pícea (f)	brad (m)	[brad]
pino (m)	pin (m)	[pin]
alerce (m)	zadă (f)	['zadə]
abeto (m)	brad (m) alb	['brad 'alb]
cedro (m)	cedru (m)	['ʧedru]
álamo (m)	plop (m)	[plop]
serbal (m)	sorb (m)	[sorb]
sauce (m)	salcie (f)	['salʧie]
aliso (m)	arin (m)	[a'rin]
haya (f)	fag (m)	[fag]
olmo (m)	ulm (m)	[ulm]
fresno (m)	frasin (m)	['frasin]
castaño (m)	castan (m)	[kas'tan]
magnolia (f)	magnolie (f)	[mag'nolie]
palmera (f)	palmier (m)	[palmi'er]
ciprés (m)	chiparos (m)	[kipa'ros]
mangle (m)	manglier (m)	[mangli'jer]
baobab (m)	baobab (m)	[bao'bab]
eucalipto (m)	eucalipt (m)	[euka'lipt]
secoya (f)	secvoia (m)	[sek'voja]

95. Los arbustos

mata (f)	**tufă** (f)	['tufə]
arbusto (m)	**arbust** (m)	[ar'bust]
vid (f)	**viţă** (f) **de vie**	['vitsə de 'vie]
viñedo (m)	**vie** (f)	['vie]
frambueso (m)	**zmeură** (f)	['zmeurə]
grosellero (m) rojo	**coacăz** (m) **roşu**	[ko'akəz 'roʃu]
grosellero (m) espinoso	**agriş** (m)	[a'griʃ]
acacia (f)	**salcâm** (m)	[sal'kɨm]
berberís (m)	**lemn** (m) **galben**	['lemn 'galben]
jazmín (m)	**iasomie** (f)	[jaso'mie]
enebro (m)	**ienupăr** (m)	[je'nupər]
rosal (m)	**tufă** (f) **de trandafir**	['tufə de tranda'fir]
escaramujo (m)	**măceş** (m)	[mə'tʃeʃ]

96. Las frutas. Las bayas

manzana (f)	**măr** (n)	[mər]
pera (f)	**pară** (f)	['parə]
ciruela (f)	**prună** (f)	['prunə]
fresa (f)	**căpşună** (f)	[kəp'ʃunə]
guinda (f)	**vişină** (f)	['viʃinə]
cereza (f)	**cireaşă** (f)	[tʃi'rʲaʃə]
uva (f)	**struguri** (m pl)	['strugurʲ]
frambuesa (f)	**zmeură** (f)	['zmeurə]
grosella (f) negra	**coacăză** (f) **neagră**	[ko'akəzə 'nʲagrə]
grosella (f) roja	**coacăză** (f) **roşie**	[ko'akəzə 'roʃie]
grosella (f) espinosa	**agrişă** (f)	[a'griʃə]
arándano (m) agrio	**răchiţele** (f pl)	[rəki'tsele]
naranja (f)	**portocală** (f)	[porto'kalə]
mandarina (f)	**mandarină** (f)	[manda'rinə]
piña (f)	**ananas** (m)	[ana'nas]
banana (f)	**banană** (f)	[ba'nanə]
dátil (m)	**curmală** (f)	[kur'malə]
limón (m)	**lămâie** (f)	[lə'mie]
albaricoque (m)	**caisă** (f)	[ka'isə]
melocotón (m)	**piersică** (f)	['pjersikə]
kiwi (m)	**kiwi** (n)	['kivi]
toronja (f)	**grepfrut** (n)	['grepfrut]
baya (f)	**boabă** (f)	[bo'abə]

bayas (f pl)	fructe (n pl) de pădure	['frukte de pə'dure]
arándano (m) rojo	merişor (m)	[meri'ʃor]
fresa (f) silvestre	frag (m)	[frag]
arándano (m)	afină (f)	[a'finə]

97. Las flores. Las plantas

flor (f)	floare (f)	[flo'are]
ramo (m) de flores	buchet (n)	[bu'ket]
rosa (f)	trandafir (m)	[tranda'fir]
tulipán (m)	lalea (f)	[la'lʲa]
clavel (m)	garoafă (f)	[garo'afə]
gladiolo (m)	gladiolă (f)	[gladi'olə]
aciano (m)	albăstrea (f)	[albəs'trʲa]
campanilla (f)	clopoţel (m)	[klopo'tsel]
diente (m) de león	păpădie (f)	[pəpə'die]
manzanilla (f)	romaniţă (f)	[roma'nitsə]
áloe (m)	aloe (f)	[a'loe]
cacto (m)	cactus (m)	['kaktus]
ficus (m)	ficus (m)	['fikus]
azucena (f)	crin (m)	[krin]
geranio (m)	muşcată (f)	[muʃ'katə]
jacinto (m)	zambilă (f)	[zam'bilə]
mimosa (f)	mimoză (f)	[mi'mozə]
narciso (m)	narcisă (f)	[nar'tʃisə]
capuchina (f)	condurul-doamnei (m)	[kon'durul do'amnej]
orquídea (f)	orhidee (f)	[orhi'dee]
peonía (f)	bujor (m)	[bu'ʒor]
violeta (f)	toporaş (m)	[topo'raʃ]
trinitaria (f)	pansele (f)	[pan'sele]
nomeolvides (f)	nu-mă-uita (f)	[nu mə uj'ta]
margarita (f)	margaretă (f)	[marga'retə]
amapola (f)	mac (m)	[mak]
cáñamo (m)	cânepă (f)	['kinepə]
menta (f)	mentă (f)	['mentə]
muguete (m)	lăcrămioară (f)	[ləkrəmjo'arə]
campanilla (f) de las nieves	ghiocel (m)	[gio'tʃel]
ortiga (f)	urzică (f)	[ur'zikə]
acedera (f)	măcriş (m)	[mə'kriʃ]
nenúfar (m)	nufăr (m)	['nufər]

helecho (m)	**ferigă** (f)	['ferigə]
liquen (m)	**lichen** (m)	[li'ken]
invernadero (m) tropical	**seră** (f)	['serə]
césped (m)	**gazon** (n)	[ga'zon]
macizo (m) de flores	**strat** (n) **de flori**	[strat de 'florʲ]
planta (f)	**plantă** (f)	['plantə]
hierba (f)	**iarbă** (f)	['jarbə]
hoja (f) de hierba	**fir** (n) **de iarbă**	[fir de 'jarbə]
hoja (f)	**frunză** (f)	['frunzə]
pétalo (m)	**petală** (f)	[pe'talə]
tallo (m)	**tulpină** (f)	[tul'pinə]
tubérculo (m)	**tubercul** (m)	[tu'berkul]
retoño (m)	**mugur** (m)	['mugur]
espina (f)	**ghimpe** (m)	['gimpe]
florecer (vi)	**a înflori**	[a inflo'ri]
marchitarse (vr)	**a se ofili**	[a se ofe'li]
olor (m)	**miros** (n)	[mi'ros]
cortar (vt)	**a tăia**	[a tə'ja]
coger (una flor)	**a rupe**	[a 'rupe]

98. Los cereales, los granos

grano (m)	**grăunțe** (n pl)	[grə'untse]
cereales (m pl) (plantas)	**cereale** (f pl)	[tʃere'ale]
espiga (f)	**spic** (n)	[spik]
trigo (m)	**grâu** (n)	['griu]
centeno (m)	**secară** (f)	[se'karə]
avena (f)	**ovăz** (n)	[ovəz]
mijo (m)	**mei** (m)	[mej]
cebada (f)	**orz** (n)	[orz]
maíz (m)	**porumb** (m)	[po'rumb]
arroz (m)	**orez** (n)	[o'rez]
alforfón (m)	**hrișcă** (f)	['hriʃkə]
guisante (m)	**mazăre** (f)	['mazəre]
fréjol (m)	**fasole** (f)	[fa'sole]
soya (f)	**soia** (f)	['soja]
lenteja (f)	**linte** (n)	['linte]
habas (f pl)	**boabe** (f pl)	[bo'abe]

LOS PAÍSES

T&P Books Publishing

Afganistán (m)	**Afganistan** (n)	[afganis'tan]
Albania (f)	**Albania** (f)	[al'banija]
Alemania (f)	**Germania** (f)	[dʒer'manija]
Arabia (f) Saudita	**Arabia** (f) **Saudită**	[a'rabia sau'ditə]
Argentina (f)	**Argentina** (f)	[arʒen'tina]
Armenia (f)	**Armenia** (f)	[ar'menia]
Australia (f)	**Australia** (f)	[au'stralia]
Austria (f)	**Austria** (f)	[a'ustrija]
Azerbaiyán (m)	**Azerbaidjan** (m)	[azerbaj'dʒan]
Bangladesh (m)	**Bangladeş** (m)	[bangla'deʃ]
Bélgica (f)	**Belgia** (f)	['beldʒia]
Bielorrusia (f)	**Belarus** (f)	[bela'rus]
Bolivia (f)	**Bolivia** (f)	[bo'livia]
Bosnia y Herzegovina	**Bosnia şi Herţegovina** (f)	['bosnia ʃi hertsego'vina]
Brasil (m)	**Brazilia** (f)	[bra'zilia]
Bulgaria (f)	**Bulgaria** (f)	[bul'garia]
Camboya (f)	**Cambodgia** (f)	[kam'bodʒia]
Canadá (f)	**Canada** (f)	[ka'nada]
Chequia (f)	**Cehia** (f)	['tʃehija]
Chile (m)	**Chile** (n)	['tʃile]
China (f)	**China** (f)	['kina]
Chipre (m)	**Cipru** (n)	['tʃipru]
Colombia (f)	**Columbia** (f)	[ko'lumbia]
Corea (f) del Norte	**Coreea** (f) **de Nord**	[ko'rea de 'nord]
Corea (f) del Sur	**Coreea** (f) **de Sud**	[ko'rea de 'sud]
Croacia (f)	**Croaţia** (f)	[kro'atsia]
Cuba (f)	**Cuba** (f)	['kuba]
Dinamarca (f)	**Danemarca** (f)	[dane'marka]
Ecuador (m)	**Ecuador** (m)	[ekua'dor]
Egipto (m)	**Egipt** (n)	[e'dʒipt]
Emiratos (m pl) Árabes Unidos	**Emiratele** (n pl) **Arabe Unite**	[emi'ratele a'rabe u'nite]
Escocia (f)	**Scoţia** (f)	['skotsia]
Eslovaquia (f)	**Slovacia** (f)	[slo'vatʃia]
Eslovenia	**Slovenia** (f)	[slo'venia]
España (f)	**Spania** (f)	['spania]
Estados Unidos de América	**Statele** (n pl) **Unite ale Americii**	['statele u'nite 'ale a'meritʃij]
Estonia (f)	**Estonia** (f)	[es'tonia]
Finlandia (f)	**Finlanda** (f)	[fin'landa]
Francia (f)	**Franţa** (f)	['frantsa]

100. Los países. Unidad 2

Georgia (f)	Georgia (f)	['dʒordʒia]
Ghana (f)	Ghana (f)	['gana]
Gran Bretaña (f)	Marea Britanie (f)	['marʲa bri'tanie]
Grecia (f)	Grecia (f)	['gretʃia]
Haití (m)	Haiti (n)	[ha'iti]
Hungría (f)	Ungaria (f)	[un'garia]
India (f)	India (f)	['india]
Indonesia (f)	Indonezia (f)	[indo'nezia]
Inglaterra (f)	Anglia (f)	['anglija]
Irak (m)	Irak (n)	[i'rak]
Irán (m)	Iran (n)	[i'ran]
Irlanda (f)	Irlanda (f)	[ir'landa]
Islandia (f)	Islanda (f)	[is'landa]
Islas (f pl) Bahamas	Insulele (f pl) Bahamas	['insulele ba'hamas]
Israel (m)	Israel (n)	[isra'el]
Italia (f)	Italia (f)	[i'talia]
Jamaica (f)	Jamaica (f)	[ʒa'majka]
Japón (m)	Japonia (f)	[ʒa'ponia]
Jordania (f)	Iordania (f)	[jor'dania]
Kazajstán (m)	Kazahstan (n)	[kazah'stan]
Kenia (f)	Kenia (f)	['kenia]
Kirguizistán (m)	Kîrgîzstan (m)	[kirgiz'stan]
Kuwait (m)	Kuweit (n)	[kuve'it]
Laos (m)	Laos (n)	['laos]
Letonia (f)	Letonia (f)	[le'tonia]
Líbano (m)	Liban (n)	[li'ban]
Libia (f)	Libia (f)	['libia]
Liechtenstein (m)	Liechtenstein (m)	[lihten'ʃtajn]
Lituania (f)	Lituania (f)	[litu'ania]
Luxemburgo (m)	Luxemburg (m)	[luksem'burg]
Macedonia	Macedonia (f)	[matʃe'donia]
Madagascar (m)	Madagascar (n)	[madagas'kar]
Malasia (f)	Malaezia (f)	[mala'ezia]
Malta (f)	Malta (f)	['malta]
Marruecos (m)	Maroc (n)	[ma'rok]
Méjico (m)	Mexic (n)	['meksik]
Moldavia (f)	Moldova (f)	[mol'dova]
Mónaco (m)	Monaco (m)	[mo'nako]
Mongolia (f)	Mongolia (f)	[mon'golia]
Montenegro (m)	Muntenegru (m)	[munte'negru]
Myanmar (m)	Myanmar (m)	[mjan'mar]

101. Los países. Unidad 3

Namibia (f)	**Namibia** (f)	[na'mibia]
Nepal (m)	**Nepal** (n)	[ne'pal]
Noruega (f)	**Norvegia** (f)	[nor'vedʒia]
Nueva Zelanda (f)	**Noua Zeelandă** (f)	['nowa zee'landə]
Países Bajos (m pl)	**Ţările de Jos** (f pl)	['tsərile de ʒos]
Pakistán (m)	**Pakistan** (n)	[paki'stan]
Palestina (f)	**Palestina** (f)	[pales'tina]
Panamá (f)	**Panama** (f)	[pana'ma]
Paraguay (m)	**Paraguay** (n)	[paragu'aj]
Perú (m)	**Peru** (n)	['peru]
Polinesia (f) Francesa	**Polinezia** (f)	[poli'nezia]
Polonia (f)	**Polonia** (f)	[po'lonia]
Portugal (m)	**Portugalia** (f)	[portu'galia]
República (f) Dominicana	**Republica** (f) **Dominicană**	[re'publika domini'kanə]
República (f) Sudafricana	**Africa de Sud** (f)	['afrika de sud]
Rumania (f)	**România** (f)	[rominia]
Rusia (f)	**Rusia** (f)	['rusia]
Senegal (m)	**Senegal** (n)	[sene'gal]
Serbia (f)	**Serbia** (f)	['serbija]
Siria (f)	**Siria** (f)	['sirija]
Suecia (f)	**Suedia** (f)	[su'edia]
Suiza (f)	**Elveţia** (f)	[el'vetsia]
Surinam (m)	**Surinam** (n)	[suri'nam]
Tayikistán (m)	**Tadjikistan** (m)	[tadʒiki'stan]
Tailandia (f)	**Thailanda** (f)	[taj'landa]
Taiwán (m)	**Taiwan** (m)	[taj'van]
Tanzania (f)	**Tanzania** (f)	[tan'zania]
Tasmania (f)	**Tasmania** (f)	[tas'mania]
Túnez (m)	**Tunisia** (f)	[tu'nisia]
Turkmenistán (m)	**Turkmenistan** (n)	[turkmeni'stan]
Turquía (f)	**Turcia** (f)	['turtʃia]
Ucrania (f)	**Ucraina** (f)	[ukra'ina]
Uruguay (m)	**Uruguay** (n)	[urugu'aj]
Uzbekistán (m)	**Uzbekistan** (n)	[uzbeki'stan]
Vaticano (m)	**Vatican** (m)	[vati'kan]
Venezuela (f)	**Venezuela** (f)	[venezu'ela]
Vietnam (m)	**Vietnam** (n)	[viet'nam]
Zanzíbar (m)	**Zanzibar** (n)	[zanzi'bar]

GLOSARIO GASTRONÓMICO

Esta sección contiene una gran cantidad de palabras y términos asociados con la comida. Este diccionario le hará más fácil la comprensión del menú de un restaurante y la elección del plato adecuado

T&P Books Publishing

Español-Rumano glosario gastronómico

Español	Rumano	Pronunciación
¡Que aproveche!	**Poftă bună!**	['poftə 'bunə]
abrebotellas (m)	**deschizător** (n) **de sticle**	[deskizə'tor de 'stikle]
abrelatas (m)	**deschizător** (n) **de conserve**	[deskizə'tor de kon'serve]
aceite (m) de girasol	**ulei** (n) **de floarea-soarelui**	[u'lej de flo'arⁱa so'areluj]
aceite (m) de oliva	**ulei** (n) **de măsline**	[u'lej de məs'line]
aceite (m) vegetal	**ulei** (n) **vegetal**	[u'lej vedʒe'tal]
agua (f)	**apă** (f)	['apə]
agua (f) mineral	**apă** (f) **minerală**	['apə mine'ralə]
agua (f) potable	**apă** (f) **potabilă**	['apə po'tabilə]
aguacate (m)	**avocado** (n)	[avo'kado]
ahumado (adj)	**afumat**	[afu'mat]
ajo (m)	**usturoi** (m)	[ustu'roj]
albahaca (f)	**busuioc** (n)	[busu'jok]
albaricoque (m)	**caisă** (f)	[ka'isə]
alcachofa (f)	**anghinare** (f)	[angi'nare]
alforfón (m)	**hrişcă** (f)	['hriʃkə]
almendra (f)	**migdală** (f)	[mig'dalə]
almuerzo (m)	**prânz** (n)	[prinz]
amargo (adj)	**amar**	[a'mar]
anís (m)	**anason** (m)	[ana'son]
anguila (f)	**ţipar** (m)	[tsi'par]
aperitivo (m)	**aperitiv** (n)	[aperi'tiv]
apetito (m)	**poftă** (f) **de mâncare**	['poftə de mi'nkare]
apio (m)	**ţelină** (f)	['tselinə]
arándano (m)	**afină** (f)	[a'finə]
arándano (m) agrio	**răchiţele** (f pl)	[rəki'tsele]
arándano (m) rojo	**merişor** (m)	[meri'ʃor]
arenque (m)	**scrumbie** (f)	[skrum'bie]
arroz (m)	**orez** (n)	[o'rez]
atún (m)	**ton** (m)	[ton]
avellana (f)	**alună** (f) **de pădure**	[a'lunə de pə'dure]
avena (f)	**ovăz** (n)	[ovəz]
azúcar (m)	**zahăr** (n)	['zahər]
azafrán (m)	**şofran** (m)	[ʃo'fran]
azucarado, dulce (adj)	**dulce**	['dultʃe]
bacalao (m)	**batog** (m)	[ba'tog]
banana (f)	**banană** (f)	[ba'nanə]
bar (m)	**bar** (n)	[bar]
barman (m)	**barman** (m)	['barman]
batido (m)	**cocteil** (n) **din lapte**	[kok'tejl din 'lapte]
baya (f)	**boabă** (f)	[bo'abə]
bayas (f pl)	**fructe** (n pl) **de pădure**	['frukte de pə'dure]

bebida (f) sin alcohol	**băutură** (f) **fără alcool**	[bəu'turə fərə alko'ol]
bebidas (f pl) alcohólicas	**băuturi** (f pl) **alcoolice**	[bəu'turʲ alko'olitʃe]
beicon (m)	**costiță** (f) **afumată**	[kos'titsə afu'matə]
berenjena (f)	**pătlăgea** (f) **vânătă**	[pətlə'dʒʲa 'vinətə]
bistec (m)	**biftec** (n)	[bif'tek]
bocadillo (m)	**tartină** (f)	[tar'tinə]
boleto (m) áspero	**pitarcă** (f)	[pi'tarkə]
boleto (m) castaño	**pitărcuță** (f)	[pitər'kutsə]
brócoli (m)	**broccoli** (m)	['brokoli]
brema (f)	**plătică** (f)	[plə'tikə]
cóctel (m)	**cocteil** (n)	[kok'tejl]
caballa (f)	**macrou** (n)	[ma'krou]
cacahuete (m)	**arahidă** (f)	[ara'hidə]
café (m)	**cafea** (f)	[ka'fʲa]
café (m) con leche	**cafea** (f) **cu lapte**	[ka'fʲa ku 'lapte]
café (m) solo	**cafea** (f) **neagră**	[ka'fʲa 'nʲagrə]
café (m) soluble	**cafea** (f) **solubilă**	[ka'fʲa so'lubilə]
calabacín (m)	**dovlecel** (m)	[dovle'tʃel]
calabaza (f)	**dovleac** (m)	[dov'lʲak]
calamar (m)	**calmar** (m)	[kal'mar]
caldo (m)	**supă** (f) **de carne**	['supə de 'karne]
caliente (adj)	**fierbinte**	[fier'binte]
caloría (f)	**calorie** (f)	[kalo'rie]
camarón (m)	**crevetă** (f)	[kre'vetə]
camarera (f)	**chelneriță** (f)	[kelne'ritsə]
camarero (m)	**chelner** (m)	['kelner]
canela (f)	**scorțișoară** (f)	[skortsiʃo'arə]
cangrejo (m) de mar	**crab** (m)	[krab]
capuchino (m)	**cafea** (f) **cu frișcă**	[ka'fʲa ku 'friʃkə]
caramelo (m)	**bomboană** (f)	[bombo'anə]
carbohidratos (m pl)	**hidrați** (m pl) **de carbon**	[hi'dratsʲ de kar'bon]
carne (f)	**carne** (f)	['karne]
carne (f) de carnero	**carne** (f) **de berbec**	['karne de ber'bek]
carne (f) de cerdo	**carne** (f) **de porc**	['karne de pork]
carne (f) de ternera	**carne** (f) **de vițel**	['karne de vi'tsel]
carne (f) de vaca	**carne** (f) **de vită**	['karne de 'vitə]
carne (f) picada	**carne** (f) **tocată**	['karne to'katə]
carpa (f)	**crap** (m)	[krap]
carta (f) de vinos	**meniu** (n) **de vinuri**	[menju de 'vinurʲ]
carta (f), menú (m)	**meniu** (n)	[me'nju]
caviar (m)	**icre** (f pl) **de pește**	['ikre de 'peʃte]
caza (f) menor	**vânat** (n)	[vi'nat]
cebada (f)	**orz** (n)	[orz]
cebolla (f)	**ceapă** (f)	['tʃapə]
cena (f)	**cină** (f)	['tʃinə]
centeno (m)	**secară** (f)	[se'karə]
cereales (m pl)	**cereale** (f pl)	[tʃere'ale]
cereales (m pl) integrales	**crupe** (f pl)	['krupe]
cereza (f)	**cireașă** (f)	[tʃi'rʲaʃə]
cerveza (f)	**bere** (f)	['bere]
cerveza (f) negra	**bere** (f) **brună**	['bere 'brunə]
cerveza (f) rubia	**bere** (f) **blondă**	['bere 'blondə]

champaña (f)	şampanie (f)	[ʃam'panie]
chicle (m)	gumă (f) de mestecat	['gumə de meste'kat]
chocolate (m)	ciocolată (f)	[tʃioko'latə]
cilantro (m)	coriandru (m)	[kori'andru]
ciruela (f)	prună (f)	['prunə]
clara (f)	albuş (n)	[al'buʃ]
clavo (m)	cuişoare (f pl)	[kuiʃo'are]
coñac (m)	coniac (n)	[ko'njak]
cocido en agua (adj)	fiert	[fiert]
cocina (f)	bucătărie (f)	[bukətə'rie]
col (f)	varză (f)	['varzə]
col (f) de Bruselas	varză (f) de Bruxelles	['varzə de bruk'sel]
coliflor (f)	conopidă (f)	[kono'pidə]
colmenilla (f)	zbârciog (m)	[zbir'tʃiog]
comida (f)	mâncare (f)	[min'kare]
comino (m)	chimen (m)	[ki'men]
con gas	gazoasă	[gazo'asə]
con hielo	cu gheaţă	[ku 'giatsə]
condimento (m)	condiment (n)	[kondi'ment]
conejo (m)	carne (f) de iepure de casă	['karne de 'epure de 'kasə]
confitura (f)	gem (n)	[dʒem]
confitura (f)	dulceaţă (f)	[dul'tʃatsə]
congelado (adj)	congelat	[kondʒe'lat]
conservas (f pl)	conserve (f pl)	[kon'serve]
copa (f) de vino	cupă (f)	['kupə]
copos (m pl) de maíz	fulgi (m pl) de porumb	['fuldʒi de po'rumb]
crema (f) de mantequilla	cremă (f)	['kremə]
cuchara (f)	lingură (f)	['lingurə]
cuchara (f) de sopa	lingură (f)	['lingurə]
cucharilla (f)	linguriţă (f) de ceai	[lingu'ritsə de tʃaj]
cuchillo (m)	cuţit (n)	[ku'tsit]
cuenta (f)	notă (f) de plată	['notə de 'platə]
dátil (m)	curmală (f)	[kur'malə]
de chocolate (adj)	de, din ciocolată	[de, din tʃioko'latə]
desayuno (m)	micul dejun (n)	['mikul de'ʒun]
dieta (f)	dietă (f)	[di'etə]
eneldo (m)	mărar (m)	[mə'rar]
ensalada (f)	salată (f)	[sa'latə]
entremés (m)	gustare (f)	[gus'tare]
espárrago (m)	sparanghel (m)	[sparan'gel]
espagueti (m)	spaghete (f pl)	[spa'gete]
especia (f)	condiment (n)	[kondi'ment]
espiga (f)	spic (n)	[spik]
espinaca (f)	spanac (n)	[spa'nak]
esturión (m)	carne (f) de nisetru	['karne de ni'setru]
fletán (m)	calcan (n)	[kal'kan]
fréjol (m)	fasole (f)	[fa'sole]
frío (adj)	rece	['retʃe]
frambuesa (f)	zmeură (f)	['zmeurə]
fresa (f)	căpşună (f)	[kəp'ʃunə]
fresa (f) silvestre	frag (m)	[frag]

frito (adj)	**prăjit**	[prə'ʒit]
fruto (m)	**fruct** (n)	[frukt]
gachas (f pl)	**caşă** (f)	['kaʃə]
galletas (f pl)	**biscuit** (m)	[bisku'it]
gallina (f)	**carne** (f) **de găină**	['karne de gə'inə]
ganso (m)	**carne** (f) **de gâscă**	['karne de 'giskə]
gaseoso (adj)	**carbogazoasă**	[karbogazo'asə]
ginebra (f)	**gin** (n)	[dʒin]
gofre (m)	**napolitane** (f pl)	[napoli'tane]
granada (f)	**rodie** (f)	['rodie]
grano (m)	**grăunţe** (n pl)	[grə'untse]
grasas (f pl)	**grăsimi** (f pl)	[grə'simʲ]
grosella (f) espinosa	**agrişă** (f)	[a'griʃə]
grosella (f) negra	**coacăză** (f) **neagră**	[ko'akəzə 'nʲagrə]
grosella (f) roja	**coacăză** (f) **roşie**	[ko'akəzə 'roʃie]
guarnición (f)	**garnitură** (f)	[garni'turə]
guinda (f)	**vişină** (f)	['viʃinə]
guisante (m)	**mazăre** (f)	['mazəre]
hígado (m)	**ficat** (m)	[fi'kat]
habas (f pl)	**boabe** (f pl)	[bo'abe]
hamburguesa (f)	**hamburger** (m)	['hamburger]
harina (f)	**făină** (f)	[fə'inə]
helado (m)	**îngheţată** (f)	[inge'tsatə]
hielo (m)	**gheaţă** (f)	['gʲatsə]
higo (m)	**smochină** (f)	[smo'kinə]
hoja (f) de laurel	**foi** (f) **de dafin**	[foj de 'dafin]
huevo (m)	**ou** (n)	['ow]
huevos (m pl)	**ouă** (n pl)	['owə]
huevos (m pl) fritos	**omletă** (f)	[om'letə]
jamón (m)	**şuncă** (f)	['ʃunkə]
jamón (m) fresco	**pulpă** (f)	['pulpə]
jengibre (m)	**ghimber** (m)	[gim'ber]
jugo (m) de tomate	**suc** (n) **de roşii**	[suk de 'roʃij]
kiwi (m)	**kiwi** (n)	['kivi]
langosta (f)	**langustă** (f)	[lan'gustə]
leche (f)	**lapte** (n)	['lapte]
leche (f) condensada	**lapte** (n) **condensat**	['lapte konden'sat]
lechuga (f)	**salată** (f)	[sa'latə]
legumbres (f pl)	**legume** (f pl)	[le'gume]
lengua (f)	**limbă** (f)	['limbə]
lenguado (m)	**cambulă** (f)	[kam'bulə]
lenteja (f)	**linte** (n)	['linte]
licor (m)	**lichior** (n)	[li'kør]
limón (m)	**lămâie** (f)	[lə'mie]
limonada (f)	**limonadă** (f)	[limo'nadə]
loncha (f)	**felie** (f)	[fe'lie]
lucio (m)	**ştiucă** (f)	['ʃtjukə]
lucioperca (f)	**şalău** (m)	[ʃa'ləu]
maíz (m)	**porumb** (m)	[po'rumb]
maíz (m)	**porumb** (m)	[po'rumb]
macarrones (m pl)	**paste** (f pl)	['paste]
mandarina (f)	**mandarină** (f)	[manda'rinə]

mango (m)	mango (n)	['mango]
mantequilla (f)	unt (n)	['unt]
manzana (f)	măr (n)	[mər]
margarina (f)	margarină (f)	[marga'rinə]
marinado (adj)	marinat	[mari'nat]
mariscos (m pl)	produse (n pl) marine	[pro'duse ma'rine]
matamoscas (m)	burete (m) pestriţ	[bu'rete pes'trits]
mayonesa (f)	maioneză (f)	[majo'nezə]
melón (m)	pepene (m) galben	['pepene 'galben]
melocotón (m)	piersică (f)	['pjersikə]
mermelada (f)	marmeladă (f)	[marme'ladə]
miel (f)	miere (f)	['mjere]
miga (f)	firimitură (f)	[firimi'turə]
mijo (m)	mei (m)	[mej]
mini tarta (f)	prăjitură (f)	[prəʒi'turə]
mondadientes (m)	scobitoare (f)	[skobito'are]
mostaza (f)	muştar (m)	[muʃ'tar]
nabo (m)	nap (m)	[nap]
naranja (f)	portocală (f)	[porto'kalə]
nata (f) agria	smântână (f)	[smɨn'tinə]
nata (f) líquida	frişcă (f)	['friʃkə]
nuez (f)	nucă (f)	['nukə]
nuez (f) de coco	nucă (f) de cocos	['nukə de 'kokos]
olivas, aceitunas (f pl)	olive (f pl)	[o'live]
oronja (f) verde	ciupercă (f) otrăvitoare	[tʃiu'perkə otrəvito'are]
ostra (f)	stridie (f)	['stridie]
pan (m)	pâine (f)	['pɨne]
papaya (f)	papaia (f)	[pa'paja]
paprika (f)	paprică (f)	['paprikə]
pasas (f pl)	stafidă (f)	[sta'fidə]
pasteles (m pl)	produse (n pl) de cofetărie	[pro'duse de kofetə'rie]
paté (m)	pateu (n)	[pa'teu]
patata (f)	cartof (m)	[kar'tof]
pato (m)	carne (f) de raţă	['karne de 'ratsə]
pava (f)	carne (f) de curcan	['karne de 'kurkan]
pedazo (m)	bucată (f)	[bu'katə]
pepino (m)	castravete (m)	[kastra'vete]
pera (f)	pară (f)	['parə]
perca (f)	biban (m)	[bi'ban]
perejil (m)	pătrunjel (m)	[pətrun'ʒel]
pescado (m)	peşte (m)	['peʃte]
piña (f)	ananas (m)	[ana'nas]
piel (f)	coajă (f)	[ko'aʒə]
pimienta (f) negra	piper (m) negru	[pi'per 'negru]
pimienta (f) roja	piper (m) roşu	[pi'per 'roʃu]
pimiento (m) dulce	piper (m)	[pi'per]
pistachos (m pl)	fistic (m)	['fistik]
pizza (f)	pizza (f)	['pitsa]
platillo (m)	farfurioară (f)	[farfurio'arə]
plato (m)	fel (n) de mâncare	[fel de mɨ'nkare]
plato (m)	farfurie (f)	[farfu'rie]

pomelo (m)	grepfrut (n)	['grepfrut]
porción (f)	porţie (f)	['portsie]
postre (m)	desert (n)	[de'sert]
propina (f)	bacşiş (n)	[bak'ʃiʃ]
proteínas (f pl)	proteine (f pl)	[prote'ine]
puré (m) de patatas	piure (n) de cartofi	[pju're de kar'tofi]
queso (m)	caşcaval (n)	['brinzə]
rábano (m)	ridiche (f)	[ri'dike]
rábano (m) picante	hrean (n)	[hrʲan]
rúsula (f)	vineţică (f)	[vine'tsikə]
rebozuelo (m)	gălbior (m)	[gəlbi'or]
receta (f)	reţetă (f)	[re'tsetə]
refresco (m)	băutură (f) răcoritoare	[bəu'turə rəkorito'are]
regusto (m)	aromă (f)	[a'romə]
relleno (m)	umplutură (f)	[umplu'turə]
remolacha (f)	sfeclă (f)	['sfeklə]
ron (m)	rom (n)	[rom]
sésamo (m)	susan (m)	[su'san]
sabor (m)	gust (n)	[gust]
sabroso (adj)	gustos	[gus'tos]
sacacorchos (m)	tirbuşon (n)	[tirbu'ʃon]
sal (f)	sare (f)	['sare]
salado (adj)	sărat	[sə'rat]
salchichón (m)	salam (n)	[sa'lam]
salchicha (f)	crenvurşt (n)	[kren'vurʃt]
salmón (m)	somon (m)	[so'mon]
salmón (m) del Atlántico	somon (m)	[so'mon]
salsa (f)	sos (n)	[sos]
sandía (f)	pepene (m) verde	['pepene 'verde]
sardina (f)	sardea (f)	[sar'dʲa]
seco (adj)	uscat	[us'kat]
seta (f)	ciupercă (f)	[tʃiu'perkə]
seta (f) comestible	ciupercă (f) comestibilă	[tʃiu'perkə komes'tibilə]
seta (f) venenosa	ciupercă (f) otrăvitoare	[tʃiu'perkə otrəvito'are]
seta calabaza (f)	hrib (m)	[hrib]
siluro (m)	somn (m)	[somn]
sin alcohol	fără alcool	['fərə alko'ol]
sin gas	necarbogazoasă	[nekarbogazo'asə]
sopa (f)	supă (f)	['supə]
soya (f)	soia (f)	['soja]
té (m)	ceai (n)	[tʃaj]
té (m) negro	ceai (n) negru	[tʃaj 'negru]
té (m) verde	ceai (n) verde	[tʃaj 'verde]
tallarines (m pl)	tăiţei (m)	[təi'tsej]
tarta (f)	tort (n)	[tort]
tarta (f)	plăcintă (f)	[plə'tʃintə]
taza (f)	ceaşcă (f)	['tʃaʃkə]
tenedor (m)	furculiţă (f)	[furku'litsə]
tiburón (m)	rechin (m)	[re'kin]
tomate (m)	roşie (f)	['roʃie]
tortilla (f) francesa	omletă (f)	[om'letə]
trigo (m)	grâu (n)	['griu]

trucha (f)	**păstrăv** (m)	[pəs'trəv]
uva (f)	**struguri** (m pl)	['struguri]
vaso (m)	**pahar** (n)	[pa'har]
vegetariano (adj)	**vegetarian**	[vedʒetari'an]
vegetariano (m)	**vegetarian** (m)	[vedʒetari'an]
verduras (f pl)	**verdeață** (f)	[ver'diatsə]
vermú (m)	**vermut** (n)	[ver'mut]
vinagre (m)	**oțet** (n)	[o'tset]
vino (m)	**vin** (n)	[vin]
vino (m) blanco	**vin** (n) **alb**	[vin alb]
vino (m) tinto	**vin** (n) **roșu**	[vin 'roʃu]
vitamina (f)	**vitamină** (f)	[vita'minə]
vodka (m)	**votcă** (f)	['votkə]
whisky (m)	**whisky** (n)	['wiski]
yema (f)	**gălbenuș**	[gəlbe'nuʃ]
yogur (m)	**iaurt** (n)	[ja'urt]
zanahoria (f)	**morcov** (m)	['morkov]
zarzamoras (f pl)	**mură** (f)	['murə]
zumo (m) de naranja	**suc** (n) **de portocale**	[suk de porto'kale]
zumo (m) fresco	**suc** (n) **natural**	[suk natu'ral]
zumo (m), jugo (m)	**suc** (n)	[suk]

Rumano	Pronunciación	Español
înghețată (f)	[inge'ʦatə]	helado (m)
șalău (m)	[ʃa'ləu]	lucioperca (f)
șampanie (f)	[ʃam'panie]	champaña (f)
șofran (m)	[ʃo'fran]	azafrán (m)
știucă (f)	['ʃtjukə]	lucio (m)
șuncă (f)	['ʃunkə]	jamón (m)
țelină (f)	['ʦelinə]	apio (m)
țipar (m)	[ʦi'par]	anguila (f)
afină (f)	[a'finə]	arándano (m)
afumat	[afu'mat]	ahumado (adj)
agrișă (f)	[a'griʃə]	grosella (f) espinosa
albuș (n)	[al'buʃ]	clara (f)
alună (f) de pădure	[a'lunə de pə'dure]	avellana (f)
amar	[a'mar]	amargo (adj)
ananas (m)	[ana'nas]	piña (f)
anason (m)	[ana'son]	anís (m)
anghinare (f)	[angi'nare]	alcachofa (f)
apă (f)	['apə]	agua (f)
apă (f) minerală	['apə mine'ralə]	agua (f) mineral
apă (f) potabilă	['apə po'tabilə]	agua (f) potable
aperitiv (n)	[aperi'tiv]	aperitivo (m)
arahidă (f)	[ara'hidə]	cacahuete (m)
aromă (f)	[a'romə]	regusto (m)
avocado (n)	[avo'kado]	aguacate (m)
băutură (f) fără alcool	[bəu'turə fərə alko'ol]	bebida (f) sin alcohol
băutură (f) răcoritoare	[bəu'turə rəkorito'are]	refresco (m)
băuturi (f pl) alcoolice	[bəu'turⁱ alko'oliʧe]	bebidas (f pl) alcohólicas
bacșiș (n)	[bak'ʃiʃ]	propina (f)
banană (f)	[ba'nanə]	banana (f)
bar (n)	[bar]	bar (m)
barman (m)	['barman]	barman (m)
batog (m)	[ba'tog]	bacalao (m)
bere (f)	['bere]	cerveza (f)
bere (f) blondă	['bere 'blondə]	cerveza (f) rubia
bere (f) brună	['bere 'brunə]	cerveza (f) negra
biban (m)	[bi'ban]	perca (f)
biftec (n)	[bif'tek]	bistec (m)
biscuit (m)	[bisku'it]	galletas (f pl)
boabă (f)	[bo'abə]	baya (f)
boabe (f pl)	[bo'abe]	habas (f pl)
bomboană (f)	[bombo'anə]	caramelo (m)
broccoli (m)	['brokoli]	brócoli (m)
bucătărie (f)	[bukətə'rie]	cocina (f)
bucată (f)	[bu'katə]	pedazo (m)

burete (m) **pestriț**	[bu'rete pes'trits]	matamoscas (m)
busuioc (n)	[busu'jok]	albahaca (f)
căpşună (f)	[kəp'ʃunə]	fresa (f)
caşă (f)	['kaʃə]	gachas (f pl)
caşcaval (n)	['brinzə]	queso (m)
cafea (f)	[ka'f'a]	café (m)
cafea (f) **cu frişcă**	[ka'f'a ku 'friʃkə]	capuchino (m)
cafea (f) **cu lapte**	[ka'f'a ku 'lapte]	café (m) con leche
cafea (f) **neagră**	[ka'f'a 'nʲagrə]	café (m) solo
cafea (f) **solubilă**	[ka'f'a so'lubilə]	café (m) soluble
caisă (f)	[ka'isə]	albaricoque (m)
calcan (m)	[kal'kan]	fletán (m)
calmar (m)	[kal'mar]	calamar (m)
calorie (f)	[kalo'rie]	caloría (f)
cambulă (f)	[kam'bulə]	lenguado (m)
carbogazoasă	[karbogazo'asə]	gaseoso (adj)
carne (f)	['karne]	carne (f)
carne (f) **de berbec**	['karne de ber'bek]	carne (f) de carnero
carne (f) **de curcan**	['karne de 'kurkan]	pava (f)
carne (f) **de gâscă**	['karne de 'giskə]	ganso (m)
carne (f) **de găină**	['karne de gə'inə]	gallina (f)
carne (f) **de iepure de casă**	['karne de 'epure de 'kasə]	conejo (m)
carne (f) **de nisetru**	['karne de ni'setru]	esturión (m)
carne (f) **de porc**	['karne de pork]	carne (f) de cerdo
carne (f) **de rață**	['karne de 'ratsə]	pato (m)
carne (f) **de vițel**	['karne de vi'tsel]	carne (f) de ternera
carne (f) **de vită**	['karne de 'vitə]	carne (f) de vaca
carne (f) **tocată**	['karne to'katə]	carne (f) picada
cartof (m)	[kar'tof]	patata (f)
castravete (m)	[kastra'vete]	pepino (m)
ceaşcă (f)	['ʧaʃkə]	taza (f)
ceai (n)	[ʧaj]	té (m)
ceai (n) **negru**	[ʧaj 'negru]	té (m) negro
ceai (n) **verde**	[ʧaj 'verde]	té (m) verde
ceapă (f)	['ʧapə]	cebolla (f)
cereale (f pl)	[ʧere'ale]	cereales (m pl)
chelner (m)	['kelner]	camarero (m)
chelneriță (f)	[kelne'ritsə]	camarera (f)
chimen (m)	[ki'men]	comino (m)
cină (f)	['ʧinə]	cena (f)
ciocolată (f)	[ʧioko'latə]	chocolate (m)
cireaşă (f)	[ʧi'rʲaʃə]	cereza (f)
ciupercă (f)	[ʧiu'perkə]	seta (f)
ciupercă (f) **comestibilă**	[ʧiu'perkə komes'tibilə]	seta (f) comestible
ciupercă (f) **otrăvitoare**	[ʧiu'perkə otrəvito'are]	seta (f) venenosa
ciupercă (f) **otrăvitoare**	[ʧiu'perkə otrəvito'are]	oronja (f) verde
coacăză (f) **neagră**	[ko'akəzə 'nʲagrə]	grosella (f) negra
coacăză (f) **roşie**	[ko'akəzə 'roʃie]	grosella (f) roja
coajă (f)	[ko'aʒə]	piel (f)
cocteil (n)	[kok'tejl]	cóctel (m)
cocteil (n) **din lapte**	[kok'tejl din 'lapte]	batido (m)

condiment (n)	[kondi'ment]	condimento (m)
condiment (n)	[kondi'ment]	especia (f)
congelat	[kondʒe'lat]	congelado (adj)
coniac (n)	[ko'njak]	coñac (m)
conopidă (f)	[kono'pidə]	coliflor (f)
conserve (f pl)	[kon'serve]	conservas (f pl)
coriandru (m)	[kori'andru]	cilantro (m)
costiță (f) afumată	[kos'titsə afu'matə]	beicon (m)
crab (m)	[krab]	cangrejo (m) de mar
crap (m)	[krap]	carpa (f)
cremă (f)	['kremə]	crema (f) de mantequilla
crenvurşt (n)	[kren'vurʃt]	salchicha (f)
crevetă (f)	[kre'vetə]	camarón (m)
crupe (f pl)	['krupe]	cereales (m pl) integrales
cu gheaţă	[ku 'gʲatsə]	con hielo
cuţit (n)	[ku'tsit]	cuchillo (m)
cuişoare (f pl)	[kuiʃo'are]	clavo (m)
cupă (f)	['kupə]	copa (f) de vino
curmală (f)	[kur'malə]	dátil (m)
de, din ciocolată	[de, din tʃioko'latə]	de chocolate (adj)
deschizător (n) de conserve	[deskizə'tor de kon'serve]	abrelatas (m)
deschizător (n) de sticle	[deskizə'tor de 'stikle]	abrebotellas (m)
desert (n)	[de'sert]	postre (m)
dietă (f)	[di'etə]	dieta (f)
dovleac (m)	[dov'lʲak]	calabaza (f)
dovlecel (m)	[dovle'tʃel]	calabacín (m)
dulce	['dultʃe]	azucarado, dulce (adj)
dulceaţă (f)	[dul'tʃatsə]	confitura (f)
făină (f)	[fə'inə]	harina (f)
fără alcool	['fərə alko'ol]	sin alcohol
farfurie (f)	[farfu'rie]	plato (m)
farfurioară (f)	[farfurio'arə]	platillo (m)
fasole (f)	[fa'sole]	fréjol (m)
fel (n) de mâncare	[fel de mi'nkare]	plato (m)
felie (f)	[fe'lie]	loncha (f)
ficat (m)	[fi'kat]	hígado (m)
fierbinte	[fier'binte]	caliente (adj)
fiert	[fiert]	cocido en agua (adj)
firimitură (f)	[firimi'turə]	miga (f)
fistic (m)	['fistik]	pistachos (m pl)
foi (f) de dafin	[foj de 'dafin]	hoja (f) de laurel
frag (m)	[frag]	fresa (f) silvestre
frişcă (f)	['friʃkə]	nata (f) líquida
fruct (n)	[frukt]	fruto (m)
fructe (n pl) de pădure	['frukte de pə'dure]	bayas (f pl)
fulgi (m pl) de porumb	['fuldʒʲ de po'rumb]	copos (m pl) de maíz
furculiţă (f)	[furku'litsə]	tenedor (m)
gălbenuş	[gəlbe'nuʃ]	yema (f)
gălbior (m)	[gəlbi'or]	rebozuelo (m)
garnitură (f)	[garni'turə]	guarnición (f)
gazoasă	[gazo'asə]	con gas

gem (n)	[dʒem]	confitura (f)
gheață (f)	['gʲatsə]	hielo (m)
ghimber (m)	[gim'ber]	jengibre (m)
gin (n)	[dʒin]	ginebra (f)
grâu (n)	['grʲu]	trigo (m)
grăsimi (f pl)	[grə'simʲ]	grasas (f pl)
grăunțe (n pl)	[grə'untsə]	grano (m)
grepfrut (n)	['grepfrut]	pomelo (m)
gumă (f) de mestecat	['gumə de meste'kat]	chicle (m)
gust (n)	[gust]	sabor (m)
gustare (f)	[gus'tare]	entremés (m)
gustos	[gus'tos]	sabroso (adj)
hamburger (m)	['hamburger]	hamburguesa (f)
hidrați (m pl) de carbon	[hi'dratsʲ de kar'bon]	carbohidratos (m pl)
hrean (n)	[hrʲan]	rábano (m) picante
hrişcă (f)	['hriʃkə]	alforfón (m)
hrib (m)	[hrib]	seta calabaza (f)
iaurt (n)	[ja'urt]	yogur (m)
icre (f pl) de peşte	['ikre de 'peʃte]	caviar (m)
kiwi (n)	['kivi]	kiwi (m)
lămâie (f)	[lə'mie]	limón (m)
langustă (f)	[lan'gustə]	langosta (f)
lapte (n)	['lapte]	leche (f)
lapte (n) condensat	['lapte konden'sat]	leche (f) condensada
legume (n pl)	[le'gume]	legumbres (f pl)
lichior (n)	[li'kør]	licor (m)
limbă (f)	['limbə]	lengua (f)
limonadă (f)	[limo'nadə]	limonada (f)
lingură (f)	['lingurə]	cuchara (f)
lingură (f)	['lingurə]	cuchara (f) de sopa
linguriţă (f) de ceai	[lingu'ritsə de tʃaj]	cucharilla (f)
linte (n)	['linte]	lenteja (f)
mâncare (f)	[min'kare]	comida (f)
măr (n)	[mər]	manzana (f)
mărar (m)	[mə'rar]	eneldo (m)
macrou (n)	[ma'krou]	caballa (f)
maioneză (f)	[majo'nezə]	mayonesa (f)
mandarină (f)	[manda'rinə]	mandarina (f)
mango (n)	['mango]	mango (m)
margarină (f)	[marga'rinə]	margarina (f)
marinat	[mari'nat]	marinado (adj)
marmeladă (f)	[marme'ladə]	mermelada (f)
mazăre (f)	['mazəre]	guisante (m)
mei (m)	[mej]	mijo (m)
meniu (n)	[me'nju]	carta (f), menú (m)
meniu (n) de vinuri	[menju de 'vinurʲ]	carta (f) de vinos
merişor (m)	[meri'ʃor]	arándano (m) rojo
micul dejun (n)	['mikul de'ʒun]	desayuno (m)
miere (f)	['mjere]	miel (f)
migdală (f)	[mig'dalə]	almendra (f)
morcov (m)	['morkov]	zanahoria (f)
muştar (m)	[muʃ'tar]	mostaza (f)

mură (f)	['murə]	zarzamoras (f pl)
nap (m)	[nap]	nabo (m)
napolitane (f pl)	[napoli'tane]	gofre (m)
necarbogazoasă	[nekarbogazo'asə]	sin gas
notă (f) **de plată**	['notə de 'platə]	cuenta (f)
nucă (f)	['nukə]	nuez (f)
nucă (f) **de cocos**	['nukə de 'kokos]	nuez (f) de coco
oțet (n)	[o'ʦet]	vinagre (m)
olive (f pl)	[o'live]	olivas, aceitunas (f pl)
omletă (f)	[om'letə]	huevos (m pl) fritos
omletă (f)	[om'letə]	tortilla (f) francesa
orez (n)	[o'rez]	arroz (m)
orz (n)	[orz]	cebada (f)
ou (n)	['ow]	huevo (m)
ouă (n pl)	['owə]	huevos (m pl)
ovăz (n)	[o'vəz]	avena (f)
pâine (f)	['pine]	pan (m)
păstrăv (m)	[pəs'trəv]	trucha (f)
pătlăgea (f) **vânătă**	[pətlə'ʤ'a 'vinətə]	berenjena (f)
pătrunjel (m)	[pətrun'ʒel]	perejil (m)
pahar (n)	[pa'har]	vaso (m)
papaia (f)	[pa'paja]	papaya (f)
papricǎ (f)	['paprikə]	paprika (f)
parǎ (f)	['parə]	pera (f)
paste (f pl)	['paste]	macarrones (m pl)
pateu (n)	[pa'teu]	paté (m)
peşte (m)	['peʃte]	pescado (m)
pepene (m) **galben**	['pepene 'galben]	melón (m)
pepene (m) **verde**	['pepene 'verde]	sandía (f)
piersică (f)	['pjersikə]	melocotón (m)
piper (m)	[pi'per]	pimiento (m) dulce
piper (m) **negru**	[pi'per 'negru]	pimienta (f) negra
piper (m) **roşu**	[pi'per 'roʃu]	pimienta (f) roja
pitărcuță (f)	[pitər'kuʦə]	boleto (m) castaño
pitarcă (f)	[pi'tarkə]	boleto (m) áspero
piure (n) **de cartofi**	[pju're de kar'tofʲ]	puré (m) de patatas
pizza (f)	['piʦa]	pizza (f)
plăcintă (f)	[plə'ʧintə]	tarta (f)
plătică (f)	[plə'tikə]	brema (f)
poftă (f) **de mâncare**	['poftə de mi'nkare]	apetito (m)
Poftă bună!	['poftə 'bunə]	¡Que aproveche!
porție (f)	['porʦie]	porción (f)
portocală (f)	[porto'kalə]	naranja (f)
porumb (m)	[po'rumb]	maíz (m)
porumb (m)	[po'rumb]	maíz (m)
prânz (n)	[prinz]	almuerzo (m)
prăjit	[prə'ʒit]	frito (adj)
prăjitură (f)	[prəʒi'turə]	mini tarta (f)
produse (n pl) **de cofetărie**	[pro'duse də kofetə'rie]	pasteles (m pl)
produse (n pl) **marine**	[pro'duse ma'rine]	mariscos (m pl)
proteine (f pl)	[prote'ine]	proteínas (f pl)

prună (f)	['prunə]	ciruela (f)
pulpă (f)	['pulpə]	jamón (m) fresco
răchițele (f pl)	[rəki'tsele]	arándano (m) agrio
rețetă (f)	[re'tsetə]	receta (f)
rece	['retʃe]	frío (adj)
rechin (m)	[re'kin]	tiburón (m)
ridiche (f)	[ri'dike]	rábano (m)
roșie (f)	['roʃie]	tomate (m)
rodie (f)	['rodie]	granada (f)
rom (n)	[rom]	ron (m)
sărat	[sə'rat]	salado (adj)
salam (n)	[sa'lam]	salchichón (m)
salată (f)	[sa'latə]	lechuga (f)
salată (f)	[sa'latə]	ensalada (f)
sardea (f)	[sar'dʲa]	sardina (f)
sare (f)	['sare]	sal (f)
scobitoare (f)	[skobito'are]	mondadientes (m)
scorțișoară (f)	[skortsiʃo'arə]	canela (f)
scrumbie (f)	[skrum'bie]	arenque (m)
secară (f)	[se'karə]	centeno (m)
sfeclă (f)	['sfeklə]	remolacha (f)
smântână (f)	[smin'tinə]	nata (f) agria
smochină (f)	[smo'kinə]	higo (m)
soia (f)	['soja]	soya (f)
somn (m)	[somn]	siluro (m)
somon (m)	[so'mon]	salmón (m)
somon (m)	[so'mon]	salmón (m) del Atlántico
sos (n)	[sos]	salsa (f)
spaghete (f pl)	[spa'gete]	espagueti (m)
spanac (n)	[spa'nak]	espinaca (f)
sparanghel (m)	[sparan'gel]	espárrago (m)
spic (n)	[spik]	espiga (f)
stafidă (f)	[sta'fidə]	pasas (f pl)
stridie (f)	['stridie]	ostra (f)
struguri (m pl)	['strugurʲ]	uva (f)
suc (n)	[suk]	zumo (m), jugo (m)
suc (n) **de portocale**	[suk de porto'kale]	zumo (m) de naranja
suc (n) **de roșii**	[suk de 'roʃij]	jugo (m) de tomate
suc (n) **natural**	[suk natu'ral]	zumo (m) fresco
supă (f)	['supə]	sopa (f)
supă (f) **de carne**	['supə de 'karne]	caldo (m)
susan (m)	[su'san]	sésamo (m)
tăiței (m)	[təi'tsej]	tallarines (m pl)
tartină (f)	[tar'tinə]	bocadillo (m)
tirbușon (n)	[tirbu'ʃon]	sacacorchos (m)
ton (m)	[ton]	atún (m)
tort (n)	[tort]	tarta (f)
ulei (n) **de floarea-soarelui**	[u'lej de flo'arʲa so'areluj]	aceite (m) de girasol
ulei (n) **de măsline**	[u'lej de məs'line]	aceite (m) de oliva
ulei (n) **vegetal**	[u'lej vedʒe'tal]	aceite (m) vegetal
umplutură (f)	[umplu'turə]	relleno (m)

unt (n)	['unt]	mantequilla (f)
uscat	[us'kat]	seco (adj)
usturoi (m)	[ustu'roj]	ajo (m)
vânat (n)	[vɨ'nat]	caza (f) menor
varză (f)	['varzə]	col (f)
varză (f) **de Bruxelles**	['varzə de bruk'sel]	col (f) de Bruselas
vegetarian	[vedʒetari'an]	vegetariano (adj)
vegetarian (m)	[vedʒetari'an]	vegetariano (m)
verdeață (f)	[ver'dʲaʦə]	verduras (f pl)
vermut (n)	[ver'mut]	vermú (m)
vişină (f)	['viʃinə]	guinda (f)
vin (n)	[vin]	vino (m)
vin (n) **alb**	[vin alb]	vino (m) blanco
vin (n) **roşu**	[vin 'roʃu]	vino (m) tinto
vinețică (f)	[vine'ʦikə]	rúsula (f)
vitamină (f)	[vita'minə]	vitamina (f)
votcă (f)	['votkə]	vodka (m)
whisky (n)	['wiski]	whisky (m)
zahăr (n)	['zahər]	azúcar (m)
zbârciog (m)	[zbɨr'ʧiog]	colmenilla (f)
zmeură (f)	['zmeurə]	frambuesa (f)

www.ingramcontent.com/pod-product-compliance
Lightning Source LLC
LaVergne TN
LVHW022316080426
835509LV00037B/3082